扫码试听4节配套全本畅听
体验随时随地收听原书内容

父母的觉醒

The Conscious Parent
Transforming Ourselves Empowering Our Children

【美】沙法丽·萨巴瑞（Shefali Tsabary）◎著　王　臻◎译

上海社会科学院出版社
SHANGHAI ACADEMY OF SOCIAL SCIENCES PRESS

献给我的丈夫奥泽,他是我的向导!

专业媒体权威推荐

当父母带着一种清醒的觉察眼光来看待自身以及最亲爱的孩子时，就能发现生命本身具备的美好而独特的力量，也就能用尊重、支持、欣赏的态度来对待自己与孩子，进而创造出相互支持而又各自独立的美景。萨巴瑞博士在《父母的觉醒》一书中，以对生命和爱的真实理解与温暖信念，与我们分享了一条实在且美好的路径，让父母与孩子同时获得滋养与成长，共同创造出爱与自由并存的关系。这正是任何一种爱的真义，也是陪伴孩子活出丰美明亮生命的最佳引领。

——胡慧嫚，《心理月刊》执行主编

我们自诩为新父母，因为我们自认为比上辈人更注重亲子关系，更强调爱与尊重。但当我们真实地面对孩子时，却会不由自主地受到习惯力量的驱使，以致在新旧之间苦苦挣扎。之所以有这份挣扎，是因为我们尚未读懂自己的情感与精神，尚未参透自己与孩子之间的关系。《父母的觉醒》帮助我们读懂自己、与自己积极对话，也帮助我们获得觉醒，并与孩子一道绽放生命的光彩。

——朱正欧，《父母世界》执行主编

养育孩子的过程是人生的一次重新探究和旅行。在此过程中，父母的觉醒与转型是十分关键的一步。萨巴瑞博士从心理及潜意识层面，分析了父母由于忽视自身童年经历与创伤而带来的养育之痛，并提出了中肯的建议和方法。需要理解的是，觉醒的教养方法并非一套聪明的策略，而是一整套人生哲学。父母与孩子在教养之旅中将逐步成为精神上的伙伴，亲子关系也会变得更加富有意义。

——郜云雁，中国教育新闻网总编

很多人做了父母后经常倍感纠结,不知道如何做才是对的。《父母的觉醒》鼓励父母直面亲子关系中存在的问题,引导他们运用科学的理念和方法,平等地教养孩子,与孩子一起收获成长的幸福。

——陈光,《中华家教》主编

养育孩子,父母不仅需要面对那个源于自身的小生命,更需要重新面对自我,挖掘内心。愿每一位父母都能从《父母的觉醒》中获得省思。感谢孩子给我们以重生的机会。

——张路,《母子健康》编辑部主任

《父母的觉醒》告诉我们,别奢望做完美无缺的父母。如果你曾深切地体会过无助、迷茫甚至疯狂等感受,请别气馁,就把它们当作"心灵觉醒"的必经之路吧。当你经历了深刻的情感与心理转变,再来审视自己教养儿女的心态,一切都会变得豁达通畅。

——王保允,《父母堂》微信刊主编

自孩子降生那一刻起,父母的角色仿佛就自然而然地确立起来。不过,这样的水到渠成是否也掩饰了许多人由于身在此山而无知懵懂的状态?为人父母,拥有一种客观而警醒的视角非常重要,它关系到一个个成长中的独立健全的生命。或许我们真的应该像鲁迅先生当年那样认真地问一句:"我们怎样做父亲?"而《父母的觉醒》一书担负的恰恰是这样一份催生觉醒的责任。

——陈戎,《北京日报》资深副刊编辑

目 录
Contents

致　谢　1
致父母　2

第1章　一个真实的自我　1
　我们所养育的是一副个性独立的精神　4
　我们都是从不觉醒开始起步的　6
　要想发现孩子的本真，首先寻找真实的自己　8
　我们可以在家里建立起一种亲密感　11
　觉醒对教养方法所产生的影响　12

第2章　生育儿女的精神起源　15
　孩子如何使父母觉醒？　19
　如何学会觉醒的教养之道？　23
　做个觉醒的家长不是一蹴而就的事　24

第3章　孩子无需事事征得认同　27
　接纳是关键　31
　接纳绝对不是一件被动的事　33
　请不要用僵化的模式教养孩子　34
　接纳孩子的程度同接纳自己的程度成正比　37

1

第 4 章　对自负感发起冲击　41

　　自负感是如何发生作用的?　44

　　形象的自负感　47

　　完美主义的自负感　47

　　身份的自负感　50

　　规范的自负感　51

　　渴望控制的自负感　53

　　我们可以走出自负感的羁绊　55

第 5 章　孩子"带我们长大"了吗?　59

　　直面自身的消极反应　62

　　发现自身情绪化的本质　65

　　如何善待自身的痛楚?　67

　　如何应对孩子的痛楚?　69

　　一步一个脚印地做　71

　　如何驯服自身的焦虑?　76

第 6 章　生活的智慧　79

　　生活本身给予我们的教诲　82

　　我们有可能信任生活吗?　83

　　孩子无需赢取我们的信任　84

　　如何解读自身面临的种种处境?　86

　　我们可以从不觉醒中挣脱出来　88

　　一切都包含在我们的解读之中　92

第 7 章 贯穿一生的挑战：幼年期与"可怕的两岁" 97

父母在孩子幼年期所要学习的功课 100

自我发现之旅 101

重新发现自身节律的机会 104

幼儿期：一个全然属于自我的世界 105

幼儿期是播撒包容之心的好时机 108

第 8 章 从主角变为配角：父母在孩子学龄期的精神拓展 111

初中："达到某种目标"对孩子形成的挑战 114

高中：无条件接纳的必要性 116

为什么抵抗控制欲是件重要的事？ 118

第 9 章 为人父母的迷乱 121

母亲的特殊角色 124

养育孩子意味着向一种新的步调妥协 127

第 10 章 摆脱旧日创伤，做健全的父母 129

如果我们在成长过程中觉得自己不够好…… 133

如果我们一向通过取悦他人以获得认同…… 136

我们不能做自己吗？ 139

"不良"行为其实是在寻找自身固有的美好 141

缺陷不能反映真实的自我 143

第11章　真实基础上的家庭　145

我们是否意识到焦虑是一种"有所作为"的形式？　149

我们恐惧当下的根源是什么？　152

超越"有所作为"的生活　154

活在当下　155

第12章　平凡的奇迹　159

我们能否欣赏孩子的平凡？　162

"产出过度"的生活谬误　164

放弃马不停蹄的"作为"　167

回归根本　167

映照孩子真实自我的生活　169

第13章　放下那些伟大的期望　173

赞美孩子的本真　176

如何为孩子设定目标？　177

对孩子抱有哪些期望才是现实的？　180

专注过程，不问结果　181

使用正确的赞扬　184

孩子在模仿我们　185

第14章　在孩子的生活中创造觉醒的空间　189

给予孩子从容发展的空间　192

为孩子创造一个有意义的故事　194

为什么向孩子表达感激是一种有力的教育手段？　195

第 15 章　让孩子与当下紧密相连　199

我们是如何破坏同孩子之间的纽带的？　203

我们是否认同孩子的行为或他们的本质？　205

只要"在一起"就够了　207

第 16 章　如何应对孩子的错误？　211

我们是否理解孩子行为背后的动机？　213

如何将错误转化为精神财富？　215

为孩子的错误喝彩　217

第 17 章　雄鹰的两扇翅膀　219

缺乏包容心的孩子无法翱翔　222

通向纪律的精神之途　225

重视冲突而不要回避　227

如何用有效的方法实现纪律约束？　229

关于规则本身的规则　231

为什么教导比惩罚更有效？　234

乖张行为反映的是未被满足的情感需求　236

我们在孩子的行为当中有没有发挥作用？　238

为什么可爱的宝贝变成了叛逆的少年？　241

高压战术只会适得其反　243

如何执行"不"？　246

时机很关键　250

后 记

理解我们共同的不觉醒　253

我们都身在其中　254

成为活在当下的父母　255

附 录

父母觉醒指南：对自己提出的问题　258

本书精华　261

致 谢

康斯坦丝·凯洛（Constance Kellough），感谢你对本书提出的构想，并以巨大的爱意、不离不弃的信念、无条件的支持使之孕育成长。献上我最深厚的谢意。

戴维·罗伯特·奥德（David Robert Ord），感谢你的天赋。你是位与众不同的编辑。我的谢意无法用言语表达。

多年来我服务过的众多客户，谢谢你们让我进入你们的生活。

我的朋友和家人，感谢你们无时无处不在的支持。你们知道你们对我来说意味着什么——整个世界。

我的丈夫奥泽（Oz）和女儿玛雅（Maia），言语永远无法表达我内心的情感。我之所以成为我，一切都与你们密不可分。

谢谢你们！

致父母

完美无缺的父母如同海市蜃楼里的幻景。世上没有绝对理想的父母,也没有绝对理想的儿女。

《父母的觉醒》一书首先强调的是,在养育孩子的过程中,遭遇挑战是自然而然的事。作者也完全理解,每一位父母都会利用自己所拥有的资源,尽最大努力去教养孩子。

本书的目的在于让读者获得启发,认识并善加利用教养儿女过程中所获得的精神和情感教益,进而帮助我们提高自身的修养,最终使我们成为更有效率、更有能力的父母。在这个启发智慧的过程中,我们需要让自己敞开怀抱,容纳自身的不完美,相信不完美恰恰是产生改善的利器。

在阅读本书的过程中,也许有不少地方会让读者感觉不舒服。我建议所有产生过类似感受的人都把这种感性的冲动记录下来,然后暂停阅读,让自己与这种感受共处一阵子。你会发觉自己正在自然地消化与容纳这些感受。突然之间,你会发现,书里的内容一下子变得合情合理了。

《父母的觉醒》是写给所有同孩子打交道的读者的,不限年龄。无论你是单亲父母,还是计划建立家庭或刚刚成家的年轻人;无论你是青春期孩子的家长,还是为人祖父母,或是幼教界人士;本书都承诺为你提供各得其所的普遍原则,相信它能为你和你的孩子带来转变。

如果你正在辛苦地独自养育孩子,得不到太多帮助,《父母的觉醒》或许会为你卸下一些包袱。如果你是一位全职照顾孩子的父亲或母亲,《父母的觉醒》会使你的教养经验更为丰富。在那些确实有助于孩子成长的案例中,你会发现有些人始终坚持着本书提出的原则,而这也将对你养育孩子大有益处,尤其是如果你的孩子还不满 6 岁的话。

教养孩子的过程为我们提供了巨大的机会,使我们抛却陈规陋习,吸纳新的事物,从而成长为更加有觉悟的父母——在这样的机会面前,我始终保持谦虚敬畏。

致以合十之礼!

沙法丽

第 1 章
一个真实的自我

父母首先应当努力做到的是让孩子享有身为自己的权利，让他们在自己的命运轨迹下生活。

如果父母想进入一种纯粹的状态，做到同孩子心心相印，就必须抛弃优越的自负感。

孩子不需要父母的主张、期望、权威与控制，父母需要做的仅仅是调整身心，在每一个当下与他们和谐相伴。

　　每一个孩子都有自己独特的生命规划图,他们早早地就开始接触最本质的自我,开始体会自己最想成为什么样的人。

第1章
一个真实的自我

一天早晨,我女儿兴致勃勃地将我从梦中推醒。"仙女送给你一个惊喜的礼物,"她冲我耳语道,"瞧瞧仙女送了你什么!"

我一伸手,从枕头底下摸出一张一美元的纸币,只见它从正中间被撕成了半截。女儿说:"仙女送了你半块钱,还有半块在爸爸枕头下面。"

这一下,我睡意全消。

与此同时,我发觉眼前的处境有些左右为难。一时间,我的脑海里充满了各种念头:"钱不是长在树上的,我的女儿一定要正确理解金钱的价值;我该不该借此机会教导她,让她不要浪费金钱,告诉她撕成两半的钞票就不能用了呢?"

当时我意识到,自己作出的反应有可能让孩子精神大振,也有可能伤了她的心。所幸的是,那一刻我决定把问题搁置起来,不忙着给她"上课";我只是告诉她,我很为她自豪,因为她那么慷慨地贡献出了自己仅有的一块钱;我还要感谢仙女,因为她很高尚,而且一碗水端平,明察秋毫地把钱平分给了我和她爸爸。女儿听了这些以后眼中放出了光芒,整个卧室好像都为之一亮。

我们所养育的是一副个性独立的精神

在教养孩子的过程中会出现许多状况，我们需要在理智与心灵之间挣扎一番——或者可以说是"自负心"和"真心"之间的挣扎。"真心"指的是真实的自我，它是事物的纯粹写照。教养孩子的过程就好比走钢丝，一步走错就会伤害一个小小的心灵；同样，一个适当的鼓励就可以让他们在空中昂首阔步。每时每刻，我们的所作所为都有可能打断他们的进步，让他们裹足不前；也有可能让他们感到振奋，对他们形成促进。

我们的孩子只会忠于他的自我角色，那时候，他们全然不关心我们这些家长所揪心的事情。自己在他人眼里是怎样的，有什么突出的成绩，有没有优异的特长，表现如何……这些事情都是成人们全心关注的，孩子却浑然不放在心上。孩子不会心思很沉重地看待世间的各种事情，他们只会一头扎进经验的王国里，对任何冒险都愿意放手尝试一番。

在"仙女"造访我的卧室的那个早晨，我女儿压根没想过金钱的价值，也没想过用分给我"半块钱"来满足我的自负心理；她也没有考虑过那么急急忙忙把我吵醒是不是太早了一点儿。她所表现出来的仅仅是真实、美好、自主的创造力——欢欢喜喜地展示自己的慷慨大方，然后看着父母因为"仙女"的意外访问而高兴，她自己也就跟着高兴。

身为家长，我本人就必须反复面对这样的局面：女儿就在眼前，期待着我的反馈。此刻，她就像个成年人一般，一个和我一样的成年人，具有一整套同我一样的经验和感受——期盼、希望、兴奋、想象、天才的创意、疑惑的感觉、体味喜悦的能力，凡此种种与我们并无二致。然而同许多家长一样，我也常常受到自己思维模式的局限，在需要我反馈的时候错失了机会。我发现自己不知不觉地就会讲大道理，好为人师；如此一来，在女儿独特而神奇的表达方式面前就常常显得懵懂而迟钝，甚至不曾意识到：她正在展示一个人间仅有的自我呀。

有一点很关键：我们必须认识到，我们不是在培养一个"迷你版"的自己，而是在塑造一个具有独立特征的灵魂。正因为如此，我们必须铆足精神，努力把我们自己同我们的孩子区分开来。我们绝对不能把孩子当成一件拥有物。只有从灵魂深处认识到这一点，我们才能调整好自己，心甘情愿地按照孩子的需求去教养他们，而不是按照我们的需求去勉强地塑造他们。

对每个孩子的个体需求，我们往往不能满足。相反，我们偏向于将自己的主张和期望投射在他们身上。即使我们有最善意的动机，想要鼓励孩子做最真实的自己，但许多家长仍旧会落入俗套，不经意间将自己的计划强加在孩子身上。其结果是，长幼关系每每会封锁而不是激活孩子的精神。恰恰由于这个关键原因，许多孩子长大后遭遇了麻烦，还有很多人遭受到机能障碍之苦。

我们每个人初为人父、人母的时候，都充满了对未来的憧憬。这些憧憬在很大程度上都是些空泛的幻想。我们会持有一些从来没有检验过的想法、信念、价值观、假设。很多父母甚至认为，根本没必要对自己的世界观提出疑问，因为我们相信自己是"正确的"，于是就不再需要反思了。如此一来，我们就形成了僵化的思维模式，在没有审视自己的世界观之前，就期望孩子按照我们既有的想法去表达他们自己。我们没有意识到，把自己的思维强加给后代对他们的精神其实是一种桎梏。

举例来说，如果父母在某方面能力超群，就自然而然地希望自己的孩子拥有某种特长。如果你是艺术家，很可能就会敦促孩子去开发艺术专长。如果你在学校里是读书的奇才，就会一厢情愿地希望孩子也聪颖善学。如果你在学业上并不出色，甚至毕生为学习所累，就会担心孩子也和你一样，于是竭尽所能地避免他们重蹈覆辙。

我们想把自认为"最好的"教给孩子。然而，在努力的过程中，我们往往容易忘记这么一条：父母首先应当努力做到的是让孩子享有**身为自己**的权利，让他们在自己的命运轨迹下生活，那才是他们人格精神的真实反映。

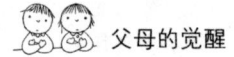父母的觉醒

在儿童的世界里，充满了"这是……"，而不是"这不是……"。他们呈现在我们面前的是一个充满潜能的内心世界。每一个孩子都有自己独特的生命规划图。如果你相信，可以说这是因缘注定。因为每一个孩子体内都藏着一幅蓝图，他们早早地就开始接触最本质的自我，同时开始体会自己最想成为什么样的人。我们身为家长，注定要去帮他们实现这些心愿。麻烦的事情是：如果不认真观察他们，我们就会剥夺天赐他们的权利，让他们无法走上最佳的命运轨迹。我们往往会将自己对前途的规划强加在他们身上，那样一来，我们等于是用自己武断的想法改写了他们的命运。

我们往往无法与孩子的心灵达成同步，对此也不必惊奇。如果连自己的心声都没有倾听过，又怎么倾听孩子的？如果我们做不到感受自己的心灵，又如何去感受孩子的心灵、倾听他们的心声？作为父母，如果我们自己失去了内心的方向，想必我们的儿女也将在迷茫和疏离中长大，甚至不可避免地时常感到沮丧。一旦同自己的内心世界失去了联系，我们教养孩子的能力就会大为降低，最本质的力量就难以发挥；而要想开明地教养儿童，最需要的恰恰是发挥这种力量。

说到这里，我的意图是想将本书作为一枚救生圈抛向父母——尤其是那些孩子正值青春期的父母。我的许多切身经验告诉我，一切努力都不会为时过晚，纵然你已经同十几岁的孩子经历过一番挣扎却无法建立起情感纽带。当然，如果你的孩子年纪更小，你的努力起步更早，那么建立的纽带自然更为牢固。

我们都是从不觉醒开始起步的

作为成年人，我们面临的头等大事就是将另外一个生命带到人间，并且将他养育成人。不过，我们大多数人在完成这项任务时完全没有把它当作一项严肃的工作去做。打个比方，如果我们受命领导一家亿万资产的企

业，我们一定会精心制定战略规划。目标是什么、如何实现……都得做到心中有数。为了实现这个目标，我们就得熟悉企业的员工，并且知道如何最大限度发挥他们的潜力。在我们的企业战略中，我们应该明确自己的优势，并且作好规划，发挥长处，赢得利润；同时我们也要明确自己的弱点，如此才能将它们的负面影响降至最低。成功的企业应该源自成功的战略规划。

我们有多少人问过自己："我为人父为人母的使命是什么，我的教养理念又是什么？在同孩子互动的过程中，我怎么体现这些理念？我是否深思熟虑地制定好了教养策略，就如同企业家管理一家大企业一样？"

不管我们是朝夕相处还是已经离异的夫妇，我们往往没有仔细思考过教养孩子的方法，没有判断与筛选过什么方法有效和无效，然后达成一致的意见。我们甚至没有检验过我们的教养方法会对孩子产生什么影响，然后根据实际情况作出调整和改变。试问一下自己：在教养孩子的时候，我有没有特意倾听过他们的心声？如果我使用的方法效果不佳，那我愿不愿意作出改变？

每个人都会把自己想象成最好的家长，绝大多数人确实做得不错，对自己的孩子也抱有深切的爱。我们会把自己的意愿强加给孩子，绝对不是因为不够爱他们，而是由于我们缺少一种为人父母的觉醒意识。现实的情况是，我们大多数家长没有意识到自己同孩子之间的互动规律；在家长和孩子之间，这种规律是固有地存在着的。

我们很少有人愿意反省一下自己是否觉醒；正好相反，大家对这个概念心怀抵触。我们都怀有一种戒备的心态，不愿意听人家评价自己的育儿风格和方法；一旦触及到敏感地带，我们立即会作出反弹。正因为如此，要想重新设计好同孩子的互动，首先要正视并重视这个问题。

父母缺乏觉醒，为此，孩子将要付出巨大的代价。过度的宠爱、过度的关注、过度的医疗护理……这一切导致了许多孩子不快乐。这是因为在不自觉的情况下，我们会将自身的情感延续到孩子身上；在不自觉的情况

下,我们会将自己未获满足的需求、没有达成的期望、没有实现的梦想传递给他们。不论抱有怎样美好的动机,我们还是会从父母那里继承上一辈人的情感,再将它们传递给自己的孩子。这种一代代传承下来的情感可能会奴役孩子,削弱他们的能力;这种潜意识如果得不到彻底清理,就会一代又一代地渗透下去。唯有觉醒的力量才能制止这种回荡在家庭中的痛苦循环。

要想发现孩子的本真,首先寻找真实的自己

要想摆脱抵触心理,进而采取不同的教养方法,我们必须准确地了解自己的过去,了解自己在不觉醒状态下是怎样处理事情的……因为新的方法完全有别于以往的方法,它建筑在完全不同的理念之上。

传统的父母之道是直线型、分等级的。父母居高临下地掌控一切。说到底,孩子难道不是"弱势群体",不该是由我们来改造的吗?因为我们毕竟是更有知识的成人,而孩子既幼小,又不如我们懂得多,所以我们理所当然地认为自己应当控制他们。事实上,对于父母做主掌控一切的家庭,我们都习以为常了;所以从来也没有想过这种格局也许既不利于孩子,也不利于我们这些父母。

在父母这一边,传统的教养方法使我们思想僵化、固步自封,强化了我们心中的阴影。由于我们的孩子太天真了,因此他们会随时准备接受我们的影响。每当我们将自己的自负感强加给他们的时候,孩子是不会有意识地作出太多抗拒的。如此一来就形成了一个问题:我们的自负感会变得越来越强。

如果我们想进入一种纯粹的状态,做到同孩子心心相印,就必须抛弃优越的自负感。如果我们始终顶着自负的光环,就永远无法实现觉醒,自然也就无法吸引孩子的心灵。

我故意把"形象"和自负结合在一起,为的是清楚地表达"自负"和

第1章
一个真实的自我

"自负感"之间的关系。根据我的经验,人们往往将"自负"视为"自我",自负俨然成了自身人格的代表。于是,"自负感"就成了一种膨胀的自我感觉,近乎于虚荣。

理解本书最为关键的一点就是,我会赋予这些名词一些相当不同的解释。

我想提出的是,我们所看重的"自我"完全不是最真实的自我。我认为,"自我"(其实是一种自负感)更像是一幅戴在头顶的自画像——我们自己端着它,其实同本质的自我相去甚远。我们每个人都伴随着这样一幅自画像成长起来。它的形成始自幼年,很大程度上取决于我们同他人的交往。

我所提出的"自负感"是一种**人为**制造出来的自我感觉,它主要是基于他人的**意见**而形成的。我们对自己的"认识"是一个想象中的"自己",我们认为我们就是"它"。这样一幅自画像遮挡住了本真的自我。一旦这幅自画像于童年时期形成,就会长久伴随着我们的人生。

尽管这样一种关于自我的意识是狭窄而有限的,然而我们自己——真实的、本质的自我——却是无限的。"它"的存在是彻底自由的,对他人没有期望,没有恐惧,也没有负罪感。生活在那样的境界中,听起来似乎有些与世隔绝;然而那样的状态却可以赋予我们能力,使我们以最有意义的方式同他人建立联系,因为那才是真实的。一旦我们摆脱了对他人**应该**如何的期望,就会与他人的真实自我相遇;对他人的接纳自然而然也会引来亲密的联系,那是因为真实的心灵之间自然会产生共鸣与回响。

因为我们同"自负感"紧密相连,以致我们往往把"它"想象成真正的自我,于是自负感就很难被察觉。其实,自负感的表现除了明显的吹嘘和浮夸,往往是十分隐蔽的。正因为如此,"它"总是能够欺骗我们,让我们把"它"当做是真正的自己。

举一个自负感伪装成真实自我的例子吧。我们许多人都没有意识到,我们的许多情绪化表现就是经过伪装后的自负感。比如,当我们说"我生

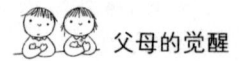

气了",其实是想象着最核心的真我在生气。事实可能正好相反。真实的情况可能是,我们只是在抗拒生活中遭遇到的某种状况,盼望着自己能实现理想中"应该"的状态。此时,如果我们向他人宣泄愤怒,就彻底地表现出了"自负感"。

我们每个人都会从个人的经历中获知:我们在嫉妒、失望、负疚、悲伤时附带的愤怒最终会导致一种情绪,这种情绪会把我们同他人隔离开来。因为我们没有认识到气愤是一种自负感的表现,所以认为它反映的是本质的自我。自负感装扮成真实的自我,这种伪装破坏了我们守住快乐的能力,也破坏了我们完整的人格。

有些时候,自负感通过专业、兴趣、民族身份表现出来。我们会告诉自己:"我是网球手。""我信教。"或"我是美国人。"所有这些都不是我们真实的本质。其实,这些都是我们给自己附加的角色;并且我们往往意识不到自己是怎样附加上去的,于是自负感很快给予我们一种"自我"的感觉。如果有人对这些角色提出疑问,我们就会感觉受到了威胁,认为自我受到了攻击。在这种情况下,我们往往无法分清自负感与真我的区别,反而会将两者更紧密地捆绑起来。许多冲突、分歧,甚至战争的根源都来自这种自负感带来的负面情绪。

我不想暗指自负感一定是**坏的**或是不该存在的。相反,自负感本身无所谓好与坏,它只是一种固有的存在。在我们的个人发展过程中,它是一个发育阶段,颇像蛋壳之于孵化中的小鸡。在小鸡发育的过程中,蛋壳有其需要发挥的功能。但当小鸡不再需要蛋壳保护的时候,如果它还不破裂,那么就会阻碍小鸡的发育。同理,随着我们的本质自我不断发展,自负感构成的保护壳也应该发生与之相适应的变化。

虽然我们不能完全摆脱自负感的羁绊,但若要做一个觉醒的家长,就需要不断提高警觉,认清自负感所产生的作用。保持警觉是造就一个觉醒家长的基础。只有保持警觉,我们才能认清自己的成长经历给自己生活方式所造成的影响,进而有意识地不让孩子受到这些负面影响。在本书中,我们会看到各种各样的例子，从中我们可以看出这种效应是如何作用在各类不同的人身上的。

要想认清自负感并非真实的自我，并且认清它是怎样哄骗你，使你误以为它是真实自我；你需要观察每一个具体的时刻，捕捉自己的所思所想，观察自己是如何偏离最本真状态的。一旦你注意到了这些状况，就会发觉自己自然而然地远离了自负感。

我们可以在家里建立起一种亲密感

觉醒的教养方法能够使我们渴望"一体"的愿望自然而然地得到实现，这样的长幼关系使家长和孩子形同伙伴。相比之下，在旧式的长幼关系中，父母往往处于一种居高临下的压倒性地位。

要想追求这种长幼之间合为一体的效果，我们就需要发掘一种自我沟通的途径，以便找回**遗忘的**自己。这是因为要想与孩子建立有意义的伙伴关系，我们就需要开发自我，彰显最本质的自己。当我们的觉悟提高了，我们与孩子之间的等级关系也就随之解体，也就与孩子自然地实现了平等。远离自负的行为——忘掉所谓正确的行为应是怎样，理想的状态又该是怎样——只有如此我们才能摆脱居高临下的姿态。

孩子的可塑性太强了。相形之下，父母常常忽略来自孩子的邀请，错失塑造自己的机会，也失去了成为孩子精神伙伴的机会。但是，仔细关注一下我们掌控下的对象就会发现，如果我们将自己从种种掌控中解脱出来，将会获得一个新的机会。我们的自负感就像蛋壳一样脆弱，而孩子为我们提供了一条道路，使我们得以在更真实的自我中生活，从而进入一个更自由的空间。如此一来，孩子就为我们的不断进步提供了便利条件。凭借这样的便利，在教养儿女的道路上，我们获得了更大的潜能，从而实现转化，享有更真实的自我。

父母同儿女的关系中存在一个误区：应由父母单方面对儿女施加影

响。这个误区如今已经被打破，回环式的互动关系进入了我们的视野。由此我们发现，孩子对我们这些成年人的继续成长也有贡献，而且相比于我们对他们的成长贡献来说还要大些。儿童往往以"从属"的面目示人，很容易受一时冲动的影响，而且往往要听凭父母左右自己的言行。如此看来，孩子似乎处于弱势地位。然而这种弱势中恰恰蕴含着一种潜能，它呼唤着父母，要求他们作出最大限度的角色转换。

如果我们将教养孩子的过程看作是一个精神转型的成长过程，就有可能创造出一个心灵的空间，这个空间可以承载转型过程中学到的种种经验与教训。孩子可以促使我们提升，让我们获得更深刻的感受；理解了这一层，我们将会发现一个崭新的自己。

换言之，一方面我们要相信，好好把孩子抚养长大是至关重要的；而更重要的一方面，我们还要承担一项更为基础的任务，它是做一个有效率的家长的基础。这项任务就是：让自己成为一个最清醒的活在当下的个体。它之所以是为人父母的核心，是因为孩子不需要我们的主张和期望，也不需要我们的权威和控制；我们需要做的仅仅是调整身心，在每一个当下与孩子和谐相伴。

觉醒对教养方法所产生的影响

觉醒意识并非少数幸运儿才能获得的神奇品质。它不是凭空建造的空中楼阁，而自有其培养的过程和步骤。

要想实施这些步骤，首先要意识到不觉醒同觉醒是不能完全割裂的，觉醒恰恰是从不觉醒中萌生出来的。这一点很关键，因为它意味着"道不远人"，觉醒是每一个人都能达到的状态。走在觉醒的康庄大路上的人，同其他人并无不同，他们只不过是在未觉醒的状态中开发出了觉醒的潜能。这意味着，觉醒的大门对我们**每一个人**都是敞开的。的确，在长幼关系中，最神奇的一件事情就是：不断有机会出现在我们面前，让我们获得提升，获得更深刻的觉醒。

尽管我们相信自己有能力教养好孩子，然而现实却是，真正有能力的孩子可以把**我们**教养成他们所需要的父母。因此，教养孩子的历程不应是家长"对"孩子的模式，而应是家长"同"孩子的模式。通往和谐完整的道路就在孩子的腿上，我们要做的只是像个小孩子一样坐在大人的腿上。孩子会引领我们发现自己的本真，在此过程中他们成了我们获得觉醒的伟大启蒙者。如果我们不能抓住他们的手，跟随他们的引领，穿过不断觉醒的大门，我们将失去觉醒的机会。

我虽然谈到孩子能够帮助家长实现转型，但请不要认为我是主张家长放弃对孩子的影响，或是主张家长沦为孩子的走卒。觉醒的教养方法不仅需要我们善于倾听孩子，尊重他们的精神，时刻同他们心心相印，同样需要我们重视纪律和约束。我们不仅需要给孩子提供基本的居住、饮食、教育，还应该培养他们的规则意识和现实生活中的种种技能。一个觉醒的家长能够把教养孩子的方方面面有机地整合在一起，最终把孩子培养成一个均衡发展的社会成员。因此，觉醒的教养方法绝不是"纵容"。在本书中，我们将看到一些具体事例，那些父母学会了使用建设性的方法赋予孩子力量，使他们在情感和行为上走向成熟。

还有一件重要的事情需要解释一下。我要先保留一些**特别**的信息，留待最后一章再作阐述。要想用觉醒的方法教会孩子遵守纪律，我们必须有能力实现"同孩子一起活在当下"的状态。家长必须意识到，只有在同儿女的互动中实现"活在当下"的状态，这套方法才能行之有效。这一点很关键，我将在随后的各章中慢慢同大家分享这趟觉醒之旅。

父母的转型是实现人生觉醒的关键一步。但是，当家长们找到我的时候，他们通常不是来寻求个人成长的。相反，他们渴望得到的答案往往是关于自己孩子的行为。他们期望我有一支魔杖，一抬手就让孩子拥有一颗强健的心灵。我会指出，觉醒的教养方法并不仅仅在于使用聪明的策略。它是一整套人生哲学，涉及一个过程；经由这样的过程，孩子和父母能够在基础的层面上获得转型。长幼之间只有成为精神伙伴,才能让彼此的关系富有意义,才能实现精神上的相互促进。因此,觉醒的教养方法不是针对某种行为纠正的操作办法,而是对长幼关系的一种全面深化。

觉醒的教养方法是美妙的。妙就妙在,觉醒的意识会时时刻刻告诉我们如何以最佳方式去完成任务。例如,当我的女儿把纸币撕成两半时,我到底是应该责备她还是赞扬她呢?当时我的内心深处作了判断,于是母女连心,形成了共鸣。虽然我们应该强调纪律的重要性,但内心的觉醒依然可以促使我们采取合理的方法;这样非但不会伤害孩子的心灵,反而能够让他们更加振奋。

当我们鼓起勇气抛弃由上而下的控制欲望,进而步入一种回环式的长幼互动,就会发现自己不再受到冲突的羁绊,也不再为权力而挣扎。于是,长幼间的互动成为了一种超越的体验,这种体验中充满了灵魂的交流。我们会发现,找到一个精神伙伴是多么有价值的事情。一旦将自己投入一种完整的、觉醒的长幼关系之中,我们将会脱离物质世界的羁绊并获得提升,进入到一种庄严深沉的心灵互动当中。

第2章
生育儿女的精神起源

孩子走近我们，使我们得以认清自己的心灵创伤，使我们鼓起勇气超越创伤为我们设下的限制。

孩子能映照出我们的成功与失败，让我们随时随地发现自己的"不觉醒"，从而促使我们学习与成长。

要想学会觉醒的教养方法，就要在实践中学习，在建设同孩子关系的过程中学习。

觉醒的父母不会向外部世界寻求答案，他们所关注的是自己同孩子的关系本身，而且有信心在与孩子的互动中找到答案。

第 2 章
生育儿女的精神起源

尽管眼前摆着众多案例，显示出一个个不成功的教养策略，其中甚至包括不少擦枪走火、伤及自身的事故，然而许多父母还是坚持采用不开明的方法教养孩子。这正是造成我们与孩子交流困难的原始诱因。

要想转变方式，以更有效的方法同孩子建立关系，我们就必须乐于面对与解决问题。这些问题出在我们自己身上，源于我们所**接受**的教养。除非我们选择这种转变，否则就很可能缺乏对孩子精神世界的尊重，也很可能忽略他们的呼唤，遮蔽他们的智慧。作为父母，我们只有调整好自己的心态，才能相应地帮助孩子调整好他们的身心状态，进而适应每个孩子独一无二的本真。

因此，要想成为觉醒的父母，我们就需要经历个性的转型。事实上，据我的经验，家长同孩子之间的情感关系首先是为了"转型"而存在的，其次才是为养育儿女服务的。

每每当我要求父母作出转变的时候，都会遇到抵触。"为什么是我们？"他们总是诘问，并且对我的建议表示愤怒。于是我向他们解释，只有父母开始觉醒，他们的孩子才能取得进步。此时，他们会表现出失望，无法接受这个事实：自己竟然比儿女更加需要转变思想。我耐心地倾听他们的说辞，听着他们把孩子行为中出现的问题归咎于他人，却极少反思自

己的责任。当然，实际情况是，他们不敢向未知领域敞开自己的怀抱，殊不知这正是从不觉醒向觉醒的转化中必不可少的一步。

心志怯弱的人是没法走上这条路的，这条路只属于那些勇敢的灵魂，属于那些真的渴望同儿女亲密相处的人们。孩子走近我们，使我们得以认清自己的心灵创伤，并使我们鼓起勇气超越这些创伤为我们设下的限制。一旦我们发现了自己的过去是如何驱使自己的，就会在教养过程中逐渐地实现觉醒。在那之前，我们要尽可能地将觉醒引入教养行为之中；而不觉醒的方式则会不着痕迹地从长幼互动中渗漏出去，不再对孩子构成刺激。

我想强调的是，要想使不觉醒完全消失是不可能的。事实上，正确了解不觉醒带来的后果，有助于促进一个人的自我检视，从而使他成为一个更合格、更有效率的家长。

在此过程中，孩子就是我们的同盟，他们会反复映照出我们各种各样的不觉醒，为我们提供一个又一个走向觉醒的机会。我们的孩子理应拥有一对觉醒的父母。作为父母，我们也应当接受他们的影响，实现自身的转型，而不仅仅是力图对他们施加影响、转变他们。

转型过程中的具体细节是因人而异的，每个个体都不尽相同。然而这种转型的本质却是普遍的。觉醒的教养方法要求父母从根本上进行转变，要求我们考虑一系列标志性的课题，诸如：

我是否作好了准备，愿意在与儿女的互动中走向更高级的精神觉醒？

我怎样才能认清孩子的真正需求，有的放矢地教养他们，做一个称职的家长？

如何战胜自身对改变的恐惧，勇敢地转变自己以适应孩子心灵的需求？

我敢不敢打破常规，用内心的真实感受去指导自己的养育活动（忽略外在因素的干扰）？

我是否清楚地认识到教养工作的方方面面？

我能不能把同孩子的关系奉为一种最神圣的亲密关系？

第 2 章
生育儿女的精神起源

孩子如何使父母觉醒？

每一个孩子一旦进入我们的生活，都会有他自己的烦恼、困难、顽固本性，这些恰恰能帮助我们认清自己还需要作出什么样的改善。我们之所以能取得进步，是因为孩子能把我们带回残留的记忆之中，体验过去的情感波澜，唤起我们深埋内心的情感，从而帮助我们看到最本真的自己。因此，我们只要循着孩子凝望的眼神，就可以找到内心当中依然需要改善与拓展之处。

无论是刻意营造过去的氛围以重温儿时的感觉，抑或是竭尽全力避免体验过去，我们都不得不重复地体验童年遗留下来的情感记忆。这是因为童年的记忆会不断重现，进入我们当下的生活，然后作用在孩子身上。唯一的解决办法就是有意识地医治过去的创伤。孩子能映照出我们的不觉醒，这意味着他们赠予我们一件无法估价的礼物。因为他们为我们提供了机会，让我们随时随地发现自己的不觉醒，从而不再受到过往经历的羁绊和主宰。在这段历程中，孩子还会映照出我们的成功与失败，他们就好像领路人一般为我们指出前进的方向。

我们同孩子的互动往往是依据自己接受教养的经历。因此，无论抱有多么好的动机，我们还是会不知不觉地在孩子身上复制自己的童年。我有幸帮助过一对母女，请让我以她们为例解释我的观点。直到 14 岁，杰西卡一直都是个好学生、好女儿。但在此后的两年中，她变成了母亲心中的噩梦。撒谎、偷窃、夜游、吸烟成了家常便饭，她变得粗鲁、叛逆，甚至暴力。安雅眼看着女儿的情绪严重波动，也感到万分焦急。在女儿的刺激下，她实在无法控制自己的情绪，总是对女儿发脾气、大呼小叫，甚至还给女儿取了个粗鲁的绰号。

安雅知道如此极端地对杰西卡发作，无论如何是说不过去的；然而她既无法控制自己的怒火，又不知道这情绪的源头在哪里。她感到自己很无能，身为家长很失败，她无法同杰西卡建立起必要的纽带关系。

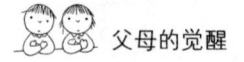

没过多久，杰西卡向学校的咨询师承认，她开始刀割自虐了。

安雅看到杰西卡承受的痛苦，于是向我求助。"我感觉自己似乎只有6岁，"她说道，"当我女儿冲着我大喊大叫的时候，我感觉就像是小时候母亲冲我吼叫时一样；当她摔门而去的时候，我感到她把我丢在了她的世界以外。我感到自己似乎做错了什么事情，在接受惩罚。不同的是，我不能对着父母大喊大叫，不能抗议，可是现在我再也没法克制自己了。我女儿总是让我一再地体验我的父母带给我的感觉，那时我觉得周围的世界似乎都破碎了，自己也失魂落魄。"

要想为自己的不觉醒打开枷锁，唯一的办法是在女儿的激发下回忆起过去的情境，尤其是最初的家庭环境。安雅的父亲是个感情冷漠的人，也就是说安雅非常渴望温情。她的母亲则是"从来看不见人影儿"。安雅解释说："即使她本人出现在你面前，似乎也和不在场时一样。我从七八岁开始就感到孤独了。"

由于父母的隔膜，安雅得不到接纳；她感受到的痛苦太深了，性格发生了彻底的变化。"我决定要表现得像我母亲一样，那么我父亲就会像爱她一样爱我。"安雅的母亲一贯打扮得很漂亮，穿着时尚的衣装，做什么事都要出类拔萃。"我一夜之间就从小姑娘变成了成年女人，"安雅回忆道，"我开始疯狂地锻炼身体，在学校里也表现得非常出色。"

不幸的是，不管安雅如何尽心尽责地表现，在极端严厉的父亲眼里，她总是做得不够好。一件特殊的事成了转折点。安雅讲述道："我记得有一天，父亲对我发了脾气，因为我写作业时开小差。他这人话不多，当时就把我带到角落里，让我把双手举在空中，并强迫我跪在地板上。于是，我双手举着跪了两个小时。在整个过程中，他一句话也没说，我母亲也一句话都不敢说。他们甚至都没有正眼看过我。我想，比惩罚本身更让我受伤的是冷漠。我哭喊着请求父母原谅，可似乎没人听得见我。两个小时后，父亲让我站起来，开始学习。从那天起，我发誓再也不让自己遭遇麻烦。我吞下怒火，把怨恨也藏了起来。"

第 2 章
生育儿女的精神起源

　　带着这样的情绪，安雅学会了怎样做一个"完美的"孩子。对自己的女儿，她也照此教育：她把女儿训练成了一个小小的机器人——缺乏情感表达，恪守职责，自控能力无可挑剔，仪表也修饰得整整齐齐。然而，杰西卡的性格完全不同，一旦走出了童年，她就再也无法忍受母亲的僵化刻板。但凡遇到机会，她都会冲破枷锁、争取自由。她的情绪波动完全找不到平衡点，如今这个情绪的钟摆已经摆到了极端。杰西卡越是叛逆，安雅就越是专断。终于，杰西卡爆发了——她开始用刀自虐。

　　在女儿的所有行为中，安雅看到的只是自己的创伤，创伤的源头则是她父母的气愤、拒绝和对她的背叛。但她没有把杰西卡的叛逆视为一种求助的信号，而是把它看成对自己家长地位的挑战。这样的状况让她联想到自己的父母……他们曾经让幼小的她感到自己是那么无力且毫无价值。多年前在父母那里，她不曾做到"完美的女儿"；身为母亲的她，如今要"反攻"了。而这其中的悲剧在于，她选错了**作战对象**。

　　安雅没有意识到，在如此严苛的成长条件下，女儿作出如此举动是相当正常的事。她没有察觉，杰西卡其实是在说："我受够了这虚伪的一套。醒醒吧，要知道我是个完全独立的人，我所需要的和你不一样。我再也不能任由你掌控了。"

　　杰西卡实际上是以尖叫求得解脱，这是当初的安雅做不到的。杰西卡为母亲当年没有打响的战斗扛起了战旗。在众人眼里，尽管她的表现很"坏"，但却是个尽责的女儿，忠实地反映了母亲隐藏多年的过去。通过自己的反社会化表现，杰西卡为母亲打开了一道门，使得安雅终于把心中隐藏多年的隐痛袒露了出来。

　　对安雅来说，这是个机会，让她得以重温儿时的怨恨和心痛。借着这个机会，安雅终于让自己"叫了出来"，将情感的毒素释放了出来。从这个意义上说，我们的孩子是慷慨的，心甘情愿地成了我们不良情绪的容器，让我们能够彻底地解脱。是我们自己不愿意走向这种自由和解脱，因为我们会给自己制造假象，认为我们的孩子"坏"，一定会做些恶劣的事情。

如果我们能理解，孩子的每一种行为都在召唤着我们走向更高层次的觉醒，那就会用完全不同的态度来看待孩子带给我们的机遇：它能促使我们学习与成长，变成他们真正需要的那种父母。别忙着对他们作出反应，先检视自己，问问自己为什么要作出反应。只有通过这样的探问，我们才能打开内心的空间，为觉醒作好准备。

安雅必须重温她的童年，发现自己对父母的愤怒，只有这样才能将自己的女儿从"完美主义"的陷阱中解救出来。而她自己从前正是一直生活在这个"完美"的陷阱里。当她走上自我解放的道路时，她开始剥下以往裹在自己身上的层层伪装，慢慢地变成了一个活泼风趣、平易近人、充满愉悦的人。她向女儿表示了歉意，因为是她毫无意识地给女儿压上了重担。由此，杰西卡也能够医治自己的创伤。母女二人互相扶持着回到了原本属于她们的真实状态。

过去会给当下的我们留下无法磨灭的影响，却又会荒谬地遮盖朴素的真相。所以，我们需要某些关系亲密的人，像镜子一样展示我们过往的伤痕。正是基于此，孩子能够为我们铺就一条通往自由的道路。不幸的是，很多父母都不允许孩子去完成他们的精神使命。相反，我们试图强迫孩子去达成我们自负的计划和梦想。

如果我们自己的心灵都不能实现自由，又怎么能在现实世界里为孩子提供引导和呵护，并坚决地为他们消灭一切形式的精神桎梏呢？如果因为我们的父母疏离了他们的精神自由，由此也遏制了我们的精神，那么我们的孩子无疑也会遭受我们的压制。我们会无意识地把自己童年承受的痛楚传递给下一代，将上一代的错误接力般地复制下去。我们不觉醒的程度也会在相似的程度上影响孩子的生活。因此，解放自己，摆脱不觉醒，就成了走向开明的关键一步。

如何学会觉醒的教养之道?

觉醒的父母不会向外部的世界寻求答案,他们所关注的是自己同孩子的关系本身,而且有信心在与孩子的互动中找到答案。要想学会觉醒的教养方法,就要在实践中学习,在建设同孩子关系的过程中学习,而不能只靠临时抱佛脚式的读书或学一些头痛医头的具体技巧。觉醒的方法包含着价值观,而这些价值观是在家长和孩子的关系建设中传递出来的。当然,要想真的用这种方法教养孩子,家长本人必须做到全心投入;因为只有家长主动开发自己的觉醒意识,孩子才能在互动中发生转变。

这样的方法要求父母同儿女的关系保持真实的状态,在这种自然的状态中引入觉醒的元素。换句话说,觉醒的父母会采取平常的、一步一个脚印的风格来建立并巩固同孩子间的纽带。因为这是一种关联性很强的方法,而每一组不同的长幼关系都有其具体情况,所以它不能一概而论地总结出一张处方。恰恰相反,正如前面所言,这是一种哲学,它意味着每一节课在本质上同其他各节课都有关联,所以它们全都是密不可分的,是家庭构造中不可孤立的元素。

把当下的一瞬间看作实验室,每一次互动都充满了潜能,它可以把珍贵无比的东西传授给你。即使一些最普通的时刻也能给我们提供机会以实现自我界定,培养韧性、忍耐力和社交能力,所有这些都源自现实生活。这既不需要兴师动众的举措,也不需要分阶段展开的战略。我们利用眼前所有的东西实现一种转型——既是我们自己的,也是孩子的。如此一来,生活中最平易朴实的情境变成了提升自我的励志之门。随着本书的展开,我们将不断地在一个个人物的日常行为中看到这一点。

身为父母,我们都急切地希望孩子的行为立刻变得"妥贴""规矩",而自己也不必再历尽困难先作一番改变。针对这种想法,我要在此指出,觉醒的教养方法不可能使一个家庭在一夜之间改天换地。本书并不是一本教你"如何做"的实战手册,因为那样的手册往往不能针对每一个**活在当**

下的瞬间；而在父母觉醒的过程中，"活在每一个当下"恰恰是至为关键之处。我想清楚表达的是，**如何做**取决于每一个随机出现的情景，而非写在一套教条之中。本书的要旨在于如何利用长幼间的情感关系来实现更高的觉醒，以便我们能在孩子的生活出现问题的第一时间就知道如何应对。一个个觉醒的片刻累积起来，一种更加开明觉醒的家庭互动关系也就由此建立。于是，众多家庭的基础环境将实现根本的转变。要想实现这样一种觉醒的互动关系是需要耐心的。

因此，改变或纠正某个**具体的**行为不是目的。我们要关注的不是"如何哄孩子睡觉"或是"如何劝孩子好好吃饭"，最主要的任务是为孩子和我们自己的生活奠定好精神基础。只有这样我们才能在长幼关系当中实现根本的转变，孩子的行为也才能**自动地**与他们意识中的自己以及真实的自己相吻合。行为上的变化是长幼关系发生转型的结果。

一旦我们的教养方法与觉醒结成同盟，具体落实的细节就不再是问题了。如果基础打得牢固，那么建立其上的生活也会富有建设性。我想再强调一次，正是出于这个原因，我将行为纠正和纪律教育的内容放在了最后一章——不是为了弱化而是为了强调其重要性；纪律必须建筑在觉醒的土壤之上，否则就不能长期发挥效用。

要走上这条道路，不能好大喜功，也不要认为可以一劳永逸。聪明的父母会随时随地小心经营，他们懂得家庭气氛的一点点改变都会为整个家庭的觉醒增添力量。因此，阅读时请您时刻谨记，觉醒的教养方法需要我们一步一步、逐渐深入地展开探究。

我再重复一遍：一切从这一刻开始，从最普通的状态开始。

做个觉醒的家长不是一蹴而就的事

教养工作不是知识型的工作，它是一项细水长流、耗神耗力的工程——我们要同孩子进行精神交流。因此，我们必须时刻清醒地知道自己是如何对孩子施加影响的,不然就无法在教养过程中满足他们的真实需求。因此,身为父母,我们给予孩子最隆重的礼物就是理解他们的能力,真正地看清楚孩子的人格是独立于我们的。反过来说,我们最大的愚蠢就是不能恰如其分地尊重孩子表现出来的种种天性。

要想觉醒地教养孩子,在同孩子相处的过程中,我们就必须敏锐地观察自身的行为。一旦认清了自己深层的精神世界是怎样影响我们的教养活动和长幼关系的,我们就开始认识自己的不觉醒和情感的印记了。

一旦开始追求长幼互动中的觉醒意识,我们就有可能会感到:不论自己的意图有多么好,但以往的行为模式依旧会重复出现。当这种情况频频出现时,我们会担心自己将永远无法实现觉醒。这种情况会令人十分沮丧。

实际上,一个觉醒的家长不是一夜之间冒出来的。富有觉悟地教养儿女既是一辈子的修行,也是每一天的功课,更是敏锐地察觉自己深层的不觉醒的过程。每当我们在自己的行为中发现一次不觉醒的元素——不管它们多么微小——就会获得一次富有活力的转变。一次又一次地发现不觉醒并消灭它,我们的觉醒也就随之提升了。

要想获得清明的心智和精神是要付出代价的。我们身上都存有上一代人留下来的不觉醒因素,它有待我们去梳理整合。不觉醒是无法遏制也不可能被消灭的。无论我们拥有多么高的觉悟,不觉醒自有它的活动节律,它会不知不觉地渗透到我们的习惯、思想、情绪以及仪表之中。只有以孩子为镜,从他们身上见证自己的不觉醒,我们才有能力去调整它。

在本章终了之际,我想明确指出,在我们的精神世界里,觉醒和不觉醒显然不是二元对立的,它们不是光谱的两个极端。不觉醒不是我们的敌人;相反,只要我们愿意努力,它恰恰为觉醒提供了生长的平台。

觉醒并非一个目的地。我们变得觉醒,并不意味着时时刻刻都能避免不觉醒。相反,觉醒的生活是一个不断行进的过程。没有人是彻底觉醒的，我们可能在生活的某一方面是觉醒的，在另一方面却是不觉醒的；在这一刻或许觉醒，到了下一刻就不觉醒。我们实现觉醒其实是为了见证不觉醒，如此才能不断进步，不断接近觉醒的状态。因此，我们没有必要将自身的不觉醒视作洪水猛兽；它并不可怕，反而是完善人生的一道门槛。

第3章
孩子无需事事征得认同

不论孩子是婴幼儿还是青少年,他们都需要获得认同,需要被告知:父母因为他们的存在而开心。

我们需要放下为人父母的架子,放弃"应该怎样"的想法,努力重塑自己以适应孩子的需求。

我们接纳孩子的能力与接纳自己的能力密切相关,我们尊重孩子的程度取决于我们尊重自己的程度。

孩子需要知道：他们不必做任何事情就足以赢得我们全身心的关注。

孩子理应体验：他们降临世间，这件事本身就足以为他们赢得瞩目与欣赏。

第 3 章
孩子无需事事征得认同

在缺乏意识的情况下，我们会限制自己的孩子，要求他们事事征得认同，把他们变成了小奴隶，受制于我们的裁决。如此一来，他们要么格外渴望获得我们的认同，要么事事依赖于我们的认同。

如果孩子时刻渴望得到我们的认同，而万分担心我们的不认同，你能想象那种情形吗？相比之下，如果他们能获得无条件的接纳和尊重，那将会是多么不同的感受啊。

每一个孩子都会发现，有些行为会给自己招来麻烦，不过这绝对不意味着他们不被接纳或者不受尊重。因此这一点就显得愈加关键：身为父母，我们不能错误地认为自己有权决定孩子是什么样的人。我们凭什么来评判他们呢？他们需要知道，在这个世界上，他们理所当然有权利认同最本真的自己。而且，这个权利不是由我们授予的，而是与生俱来的。只要他们活在这世上，就有权利表达自己的心声、感情，展示自己的精神世界。

认同与不认同都是控制欲的延伸和触角。这话听起来可能有些惊人。当然，我们一定会赞美孩子、表扬他们的进步；但这样很容易引来弊端，形成认同与不认同的条条框框，孩子的基本人格也会很快受到影响。

无论我们的孩子是否有艺术细胞，是否有学习天分，是否有冒险精神，是否运动神经过人，是否乐感超常，是否富有梦想家气质，是否性格内向……所有这些都不能影响我们对他们的正确态度。站在广义的立场上，我们没有资格裁定孩子该不该信教，该不该是同性恋，该有什么样的婚姻，有没有雄心壮志，或者具有别的什么特征。尽管孩子的行为还需要不断调整以符合某些基本规范，但他们最核心的本质必须无条件地得到赞赏。

如果我们的孩子选择了与我们不同的宗教信仰，从事了与我们梦想不同的职业，长成了同性恋，或者与不同种族的人士结了婚，那么我们的反应就会成为觉醒程度的一个标志。我们能否认识到，他们有权以独有的方式表达自己最真实的自我。我们又能否对他们的表达作出回应呢？

我们的孩子在成长过程中需要意识到，他们作为一个人理应受到赞扬。当然，家长会说，他们一直在表扬和赞美孩子。毕竟，他们不是都会为孩子庆祝生日，带他们去看电影，给他们买礼物，花许多钱为他们买玩具吗？如果这些还不算是对孩子的肯定和赞美，怎么做才算呢？

在不自觉的情况下，我们往往只是认可孩子的行为，而不是认可他们本人。赞美和认同孩子本人的意义是：允许他们生活在最真实的自我当中，而不必陷入我们期望的陷阱中。也就是说，即便孩子什么事也不做，什么也不去证明，也没有达到任何目标，我们依然为他们的存在而沉醉欣喜。

无论表现形式如何，孩子的本质都是纯洁而富有爱意的。当我们尊重这种本质的时候，孩子就会相信：我们理解他们的内心世界，相信他们是美好而有价值的人，无论他们外在的表现如何。在孩子的外在表达或许还支离破碎的时候，如果我们有能力与他们的内在本质建立起纽带，就能够向他们传递信息，让他们知道自己的巨大价值。

请允许我提出一些建议。通过下面的行动，孩子将会知道自己获得了接纳；这种接纳完全是针对他们本身的，而不是由于他们的所作所为：

当他们休息的时候，请告诉他们，我们是多么地欣赏他们；

当他们坐着的时候，请告诉他们，我们是多么开心与他们坐在一起；

当他们在屋里走动时，请告诉他们："谢谢你来到我的生活里；"

当他们牵着我们的时候，请告诉他们，我们是多么开心握着他们的手；

当他们早晨醒来的时候，请给他们写一封信，告诉他们一早醒来就看到他们是多么幸福的事；

当我们把他们从学校接回家的时候，请告诉他们，我们是多么地想念他们；

当他们微笑的时候，请告诉他们，我们的心是多么地温暖；

当他们亲吻我们的时候，请告诉他们，我们是多么喜欢与他们待在一起。

不论我们的孩子是婴幼儿还是十几岁的青少年，他们都需要获得认同，需要被告知：我们因为他们的存在而开心。孩子需要知道：他们不必做任何事情就足以赢得我们全身心的关注。孩子理应体验：他们降临世间，这件事本身就足以为他们赢得瞩目与欣赏。

一个孩子如果伴随着与生俱来的"正当感"成长起来，那么成年以后也会带着幼年的印记，获得强健的情感世界。他们很早就能理解自己的精神在人际关系中是最重要的，今后就能靠着精神的引导去体验成年人的生活。凭着这份内在的纽带，他们既不需要向外部世界索取认同，也不会渴求赞赏；凭着内心的"正当感"，他们就能对自己发出赞许。

接纳是关键

要想接纳孩子的最本真状态，我们就需要放弃那种"应该怎样"的想法。这种放弃类似一种精神世界的静寂，也就是说我们要同孩子进入一种纯粹的交流状态；一旦他们需要，我们就得作出回应。

当我们所熟知的那个自己进入了死寂状态，我们就有机会同孩子的精神一道获得重生。要想获得这个结果,我们就要放弃满腹狐疑的家长心态,孩子会为我们指引方向。因此,生养孩子是我们改变生命的最大机遇。如果我们为这份机遇敞开大门,孩子就会变成我们的精神导师。

通过安东尼和缇娜的例子,我们可以看到这是一个怎样的过程。他们夫妇已经为儿子肖恩的学习障碍苦苦挣扎了许多年。虽然他们自身都取得了很高的成就,但却无法帮助孩子突破学习上的限制。肖恩的学习障碍不仅体现在学校的课业上,在社交与生活方面也饱受困扰。事实上,他的表现同父母对他的期望相距甚远。尽管父亲安东尼是网球健将,且擅长自行车运动;但肖恩却讨厌户外活动,他害怕昆虫,更喜欢闷在屋里玩游戏或读书。

因为对儿子特殊的性格感到气恼,所以安东尼总是用轻视的态度对待他。母亲缇娜是一位性格强势的高级律师,对儿子怯弱的风格也大为恼怒。为了让肖恩"像个男子汉",缇娜要求他去健身房锻炼,穿很酷的衣服,即便胆怯也要同女孩子搭话。

做功课和应考阶段成了压力和冲突的高峰期。肖恩无法应对主流教育提出的要求,这一点让他的父母无法接受。父亲和母亲对儿子采取的手段不同,但都很粗暴:对他呼来喝去,讥讽他连基本的数学题都不会做,不弄懂一个概念就不许吃饭……当我同安东尼和缇娜谈到此事时,他们都强调:"我们的孩子并不是弱智,他不属于'那些'接受特殊教育的人群。"

这个家庭当中,冲突争吵成了家常便饭——今天是孩子同父亲争吵,明天就轮到孩子与母亲冲突。在肖恩的教育问题上,安东尼和缇娜失望之极,他们不再协同合作,渐渐变得离心离德。当他们决定离婚的时候,我并不感到吃惊,并且他们作出的解释也在我的意料之中:"我们无法忍受肖恩的行为,他横在我们中间。我们再也应付不了他了,他简直要把我们逼疯了。"

缇娜和安东尼告诉肖恩,他们要离婚都是因为他;当时他们还指望,这会让肖恩受到震动,由此改掉"坏"行为。儿子成了他们悲剧的借口,他们竟然真的相信:如果不是肖恩,他们就可以幸福地生活在一起。尽管他们都认为儿子的表现是他个人的事，其实这却是他们夫妻关系失败的一个映照。站在肖恩的立场上，他的成长变成了一种载体，承载的是父母的痛苦，而他却充当了魔鬼的角色。

安东尼和缇娜不能接受自己的儿子。后来，他们终于认识到了由此带来的消极影响；从那时起，他们才逐渐踏上了转变自己的旅程。在这个旅程中，安东尼和缇娜需要直面肖恩的特殊以及他们对这份特殊的焦虑感。他们认识到自己的不觉醒，继而注意到自己是怎样将不觉醒的行为施加在肖恩身上，而肖恩又是怎样将这些行为模式通过自己的行为反映出来，最后引发出了更多问题。

安东尼和缇娜认识到，他们一直在把自己的计划强加给儿子，于是他们开始考虑一个关键问题——夫妻关系。在几个月的时间里，他们苦苦地研究婚姻中的裂缝；随后，他们终于为肖恩卸下了包袱——他们转嫁给儿子的痛苦其实是他们自己的痛苦。

我们也许不会支持孩子每一个具体的行为，但我们必须一以贯之、全心全意地支持孩子的最核心权利。对孩子有了接纳心，我们在教养过程中就不会抱有偏颇的判断，在应对孩子的时候也能不偏不倚。在孩子需要的时候作出适当的响应，而不是将我们过去的遭遇和经验作为行动指南；要想做到这一点，需要彻底向孩子"缴械"，尊重他们的本真，接受来自他们的教诲。

接纳绝对不是一件被动的事

接纳往往被视作一件被动的事。这是一种粗暴的误解。接纳不仅是智力的决定，还必须牵动全副心力和精神。我想强调的是，接纳绝对不是被动行为，而是一个主动、热情、充满活力的过程。

为了解释接纳是一种什么样的行为，让我来讲讲约翰和阿里克希丝是怎样对待他们的儿子杰克的。杰克的成长风格同其他男孩子有所不同。他

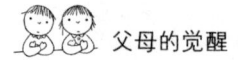

喜好安静，不爱喧闹；与运动和游戏相比，他更偏爱艺术和舞蹈。结果，在杰克很小的时候，父母就常常看见他受到同龄人的欺负。约翰和阿里克希丝曾认为，儿子有可能是同性恋；不过，他们当时并未因为儿子表现出女性化的一面而武断地下结论。尽管他们有时也会心存挣扎，希望杰克能像其他男孩子一样；然而他们控制住了自己的焦虑，耐心地培养起他对音乐和舞蹈的感情。就这样，在父母的观察和等待中，杰克终于长成了一个善良而敏感的健康男人——这本来就是命中注定的事。

如果杰克的确是同性恋，那么约翰和阿里克希丝希望他能找到自己归属的性取向。儿子在这方面何去何从，对他们来说是不相干的事情；因为他们把儿子的性取向视作他的真实本质，就像他的其他重大特征一样。当杰克受到来自同龄人的伤害时，约翰和阿里克希丝也努力不去人为地消灭这种痛苦，而是帮助他承受下来。

当杰克渐渐长大，约翰和阿里克希丝努力营造了一个社交圈子，其中既有异性恋者也有同性恋者。他们想让儿子知道，如果有一天他想表达自己的性取向，那么在周围的人群中一定能找得到接受他的人。就这样，杰克自然地进入了青春期，也到了向父母表明性取向的时候。当时，约翰和阿里克希丝什么也没说，只是向儿子张开了双臂。因为他们从始至终都接纳自己的儿子，所以杰克才能无条件地发展最真实的自我，而无需背负任何愧疚感。全家人一如既往地欣赏、赞美他的生命。

这对父母不需要儿子成全他们的梦想或实现他们的憧憬，也没有利用儿子去治愈自己曾经的创伤或满足自己的虚荣心。从本质上说，孩子当然和父母是不同的人。如果我们有能力在孩子与我们之间营造空间，那么我们将会更加紧密地凝聚在一起。

请不要用僵化的模式教养孩子

当我们有能力尊重孩子独特的成长旅程时，将会引导他们培养自己内在的心声,并以自己的心声为荣。由此,他们营造人际关系的能力会得到强化,而且他们建立的将会是一种健康而相互独立的人际关系。由于每个人的道路都各具特色,也就不会再有人极端地依赖他人。这样的铺垫将会为孩子进入成年期早早作好准备。健康而相互独立的人际关系预示着更成功、更亲密的情感关系。

要想接纳孩子,我们就得摆脱有害的陈规,在更深的层次上与他们交心。当我们让自己与孩子的脉搏同步时将会发现,每个孩子想从父母身上得到的东西都不一样。有的孩子需要我们温柔舒缓,另一些孩子则需要我们刚毅果断——即使从他们的表情上也看得出来。一旦我们接纳了他们最本质的特征,就需要重塑自己以回应他们的需求。这就需要我们放下为人父母的架子,逐步变成一个适应孩子需求的父亲或母亲。

在我成为母亲之前,我也曾梦想过自己的孩子会是怎样的。当我听说自己怀的是女孩时,顿时就对她充满了期望。当时我想,她要具备我身上的所有优点。她将会温柔、高雅、富有艺术气质,纯真而又有无穷的潜能。

当我的女儿开始懂事时,我发现她同我预想的大为不同。不错,她温和有礼,可态度却外向而武断。她喜欢自作主张,会变得莽撞而固执。而且,她一点儿也没有艺术细胞,不像我那么有梦想气质,却偏偏注重理性、富有逻辑。在性格上,她既不纯真,也不好哄骗,是个聪明狡猾的小人精。最突出的是,她不是个讨喜的主儿,同我小时候截然相反。她就是她自己,从来不觉得亏欠了谁或该迁就谁。

要接纳这样一个女儿,于我而言还真是个挑战。我不得不重新调整自己的期望,放弃原先的憧憬。我一直深陷于对女儿的预期当中,所以久久不能相信现实中的女儿竟是这个样子。接受女儿的现状比应对生活中她的具体问题还要困难。我们大多数父母是不是也遇到了同样的问题?通常与处理现实中的问题相比,调整我们的期望值是更难跨越的障碍。

我们拒绝接受孩子最本真的状态,往往是因为我们心里存在误区:如果不限制孩子的天性,他们就有可能做出破坏性的行为。事实并非如此。

我所提倡的是接纳孩子的本质,即他们最初始的天性。在此基础之上,下一步才是调整孩子的行为,使之与他们的天性相和谐。

如果我们的孩子做出了一个行为,而我们认为这个行为是"坏"的,是不容妥协的,那么恰当的反应是坚持原则。但如果这种"坏"是由于他们无法控制痛苦情绪而引发的,那我们就应该给予理解。如果他们依恋我们、粘着我们,那我们也许应该殷勤地抚慰他们一番。如果我们呵护过度,没有充分培养孩子的独立精神,那我们也许应该引导他们如何安详舒适地独处。如果他们希望一个人安静地待着,享受个人的空间,那我们应该为他们提供适当的场所并予以尊重。如果他们在合适的时间地点吵闹疯玩,那我们就不要去干涉,任他们尽情享受。如果他们该做功课却还在吵闹,我们就需要约束他们,要求他们集中注意力。

对孩子的接纳,有可能是以下任何一种形式:

我接纳一个与众不同的孩子;
我接纳一个喜好安静的孩子;
我接纳一个固执己见的孩子;
我接纳一个性格慢热的孩子;
我接纳一个为人友善的孩子;
我接纳一个烦躁易怒的孩子;
我接纳一个讨人喜欢的孩子;
我接纳一个拒绝改变的孩子;
我接纳一个惧怕交往的孩子;
我接纳一个表现不好的孩子;
我接纳一个郁郁寡欢的孩子;
我接纳一个温和有礼的孩子;
我接纳一个胆小羞怯的孩子;
我接纳一个逃避畏缩的孩子;

我接纳一个专横霸道的孩子；

我接纳一个叛逆无礼的孩子；

我接纳一个乖巧顺从的孩子；

我接纳一个喜怒无常的孩子；

我接纳一个成绩中等偏下的孩子；

我接纳一个相对缺乏活力的孩子；

我接纳一个遇到压力会撒谎的孩子；

我接纳一个表现夸张的孩子；

我接纳一个难得安静片刻的孩子；

我接纳一个特立独行的孩子；

我接纳一个独一无二的孩子；

我接受这样的信条：我的孩子需要严格的行为界限，才能健康成长。

接纳孩子的程度同接纳自己的程度成正比

接受我们的孩子，接受他们最原始的本真，这随之引出了另外一个题目：作为某个特别孩子的父亲或母亲，我们也要接纳自己。

对于我女儿的狡黠聪明，我后来给予了更多的承认和接纳。直到那时，我才开始有能力改变自己对她的教养方法，我才做到了接受她固有的古灵精怪，因为我知道她不是我期望中那个单纯的小女孩。从前，她的脑子总比我转得快，我曾为此很气恼；如今，我学着如何能够比她还快两拍。凭她的脑袋瓜，一向有本事把我比下去；如今我学着比她更会动脑筋，这样可以避免她耍小聪明把我玩得团团转。我最终不再奢望女儿成为我所期望的人，而是要求自己成为一个适应女儿需要的母亲，对此我充满了庆幸和感谢。

我们接纳孩子的能力与接纳自己的能力直接相关——包括接纳当下与未来的自己。说到底，如果我们自己都不能做一个自由思考者和精神自由

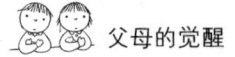

者,那我们怎么能将孩子教养成这样的人呢?如果我们自己尚不能独立自主,怎么能教养出这样的孩子呢?如果我们自己的精神受到压抑、自暴自弃,怎么能教养出另一个完整的人,造就另一副健全的精神呢?

我想和大家分享一下我是如何接纳自己的,也许对你们有帮助:

在接纳作为一个母亲的我之前,先接纳作为一个人的我;
我有许多局限和缺点,我接受这个事实;
我并不总是知道该怎么做,我接受这个事实;
我常常羞于承认自己的失败,我接受这个事实;
我常常比自己的孩子更容易偏离正常轨道,我接受这个事实;
在处理孩子的问题时,我可能很自私且考虑不周,我接受这个事实;
身为父母,我有时候很笨拙,我接受这个事实;
我并不总是知道该如何应对孩子,我接受这个事实;
我有时会对孩子做错事、说错话,我接受这个事实;
我有时会很厌倦,不想再保持理智,我接受这个事实;
我有时会过于投入地在孩子面前表现自己,我接受这个事实;
我已经尽力而为,事情处理得也不错,我接受这个事实;
我接受不完美的自己,也接受不完美的生活;
我接受自己的权力欲和控制欲;
我接受自己的自负;
我渴望获得觉醒(尽管我在即将步入这一境界时常常自毁长城),我接受这个事实。

当我们不能接纳孩子的时候,往往是因为他们撕开了我们过去的伤口,对我们某种自负的情感产生了威胁。我们必须准确地发现自己不能接纳孩子的原因,否则我们或将试图去修塑他们、控制他们、支配他们,或将听任自己为他们所支配。

第3章
孩子无需事事征得认同

我们得认清最关键的一点：如果我们在彻底接纳孩子的问题上有什么困扰，那么问题的源头一定来自我们过去的经历。身为父母，如果我们不能全面接纳最真实的自己，那就永远无法接纳我们的孩子。接纳孩子与接纳自己是紧密相连的。尊重、赞赏孩子的程度取决于我们尊重、赞赏自己的程度。

如果我们怀有一种受害者的心理，就有可能告诉自己："我的孩子目中无人，永远也改不了，我就接受吧。"这样的想法不是接纳，而是放弃。反过来，如果我们抱有胜利者的心态，就有可能告诉自己："我的孩子是个天才，我接纳他。"这也不是接纳，而是夸大其辞。

当我们修塑孩子，希望他们迁就我们的期望时，我们对他们的核心本质采取的是抗拒的态度。如此一来，我们的努力自然只能是徒劳无益。相比之下，当我们随时随刻接纳孩子的本真时，就会得到一种释然的感觉，内心也会变得宽阔。当我们不再追求控制欲的满足时，就会同孩子建立起一种亲密的关系。如果我们从孩子的实际情况而不是从自己的想象出发，就能够帮助孩子塑造起同他们的本质相协调、相适应的人格。

我在这里提到了"他们的本质"，指的是孩子对自己的发现。重要的是，这个自我发现的状态是一个流动的状态。我们往往会忘记孩子不是一成不变的，他们处在不断变化的过程中，无时无刻不在发生转变。如果我们受到僵化思维的羁绊，局限在自己的主观感受之中，就无法认识到自己处在不断演进的过程中，也就会让孩子受到同样的羁绊。我们往往会武断地对他们下结论，由此也会接连不断地犯错误。许多父母都不知道自己的孩子发展到了什么程度，更别说时时刻刻督促自己更新了。

要想打破偏见，我们就必须真正地进入当前的状况，并彻底地开放自己的心灵。我们需要扪心自问："我真的了解自己的孩子是什么样的人吗？我能做到每天都在心里为孩子开辟一个空间，并且日复一日地坚持下去吗？"要做到这一点，我们需要在孩子面前沉默下来，摒除一切干扰，将自己调整到一种好奇而愉悦的状态。

第4章
对自负感发起冲击

父母只有推翻自负感,允许自己的本真浮出水面,才能解放孩子,让他们的真实自我蓬勃壮大。

如果父母能够接受自己的局限性与不完美,孩子也会坦然接受自身的一切,从容地做真实的自己。

孩子将会引领父母走出自负感,拓展真实的自我,充分享受当下的生命,最终进入觉醒的境界。

父母不应该把孩子当成空白的画布——任由父母在上面涂画想当然的景物。

第 4 章
对自负感发起冲击

要想彻底地接纳孩子，我们就必须面对精神上的选择：要不要丢掉自负感呢？

作为父母，我们难免产生自负感。"这是我的孩子。"一想到这个事实，我们的自负感就开始膨胀。事实上，一旦涉及孩子的问题，很少有父母不表现出自负感，因为孩子的所有问题都是我们最关心的：他们在学校里吃得好吗？他们看起来如何？他们同谁结婚？他们住在哪里？他们从事什么工作？……很少有父母不把孩子当作是自我的延伸。

我曾问过一些父母为什么要生孩子，他们的回答包括："我想体验这个过程。""我爱孩子。""我想做母亲。""我想要一个家庭。""我想向所有人证明我能做个好母亲。"每一个回答中都弥漫着自负感，毫无疑问这是许多父母的心态。

为人父母的旅程是从高度自恋的状态开始的，其中包含着我们倾注在儿女身上的巨大能量。结果，我们会不经意地利用孩子来填补自身的某些需要。在抚养孩子的过程中，我们会把自己想象成充满爱心、牺牲自我、辛勤哺育的家长。我们会利用孩子医治自己过去的创伤，让他们在家庭中扮演不属于他们的角色；我们会利用孩子找到自己的价值，并扩大一种错觉：我们对世界的影响似乎也大大增加了。

要想打破这种不健康的自负感，我们就得改变原先的看法，正确认识为人父母的真正意义。我们将会被不健康的情绪淹没，除非我们能正确认识自负感的负面影响，并使自己渐渐从中解脱。如果这个问题得不到解决，我们就会在错误的状态下教养儿女，最终我们将无法同他们核心的本质达成沟通。

自负感是如何发生作用的？

自负感是一种盲目的情绪，是我们对自我形象的一种观照，也就是我们脑海中的自己。我们的情感特征、思维方式以及行为举止都植根于自我形象之中。

为了更好地理解自负感，回忆一下我之前举过的例子。当时，我建议父母务必作出改变，如此才能使孩子的行为有所改善；而父母坚持认为我弄错了，接着又一再地辩解，认为他们自己同孩子原有的关系没有问题。

要承认是我们自身的某些问题导致了生活中那些消极的事，总是有些困难的；我们更喜欢把责任推给客观情况，推给自身以外的那些原因。我们对自己的了解完全来自脑海中的自我形象。如果要作出改变，自我形象就会受到威胁。所以，我们总是会热烈地为自己辩护，徒然地希望其他人作出改变，而不是自己。

一旦我们陷入某种思维模式或信仰系统，自负感就会开始运转。如果情感上不曾受到触动，我们往往意识不到自己已深陷其中。然而，愤怒、悲伤、焦虑、控制欲，甚至是正面的情绪，比如开心……一旦它们占据了我们，"正当感"就会凌驾于我们之上，此时我们就深陷于自负感之中了。一旦这种死板的"正当感"发生作用，就会把我们引向预先形成的臆测、理想、判断。一旦某种状况或某个人与我们的心意不合，我们就会试图控制这种状况或这个人，将其置于我们的支配之下。

生活在自负的状态中，我们将无法看清他人的真实面目，也就看不到他们的本质。有一个典型的例子。斯图亚特的儿子塞姆尔是个精力充沛的活跃青年，不管做什么都很出色；塞姆尔尤其擅长表演，热衷于参加学校的演剧活动。斯图亚特对此持反对意见。作为第一代移民，他从事的是不稳定、低收入的蓝领工作；这使他全心希望自己的儿子能从事稳定的工作，享有安全感，而不是去从事变数太大的演艺事业。

在申请大学的时候，塞姆尔想申请戏剧专业领先的学校，但斯图亚特坚持让儿子去读商学院。父子两人每天都为此争执不休。最后，斯图亚特威胁塞姆尔说，如果他申请了演艺学校，自己将不负担学费，并且永远与他断绝关系。塞姆尔见父亲如此坚决，只好妥协。他是个优秀的小伙子，考入了哥伦比亚商学院，毕业后有了一份很好的职业。

尽管放弃演艺事业是塞姆尔自己的决定，但他还是怨恨父亲打击了自己当初的激情。大企业的职业生涯并没有填补他精神上的空虚，更不能替代他在舞台上的成就感。对他来说，演艺事业是对他最真实的召唤，是一种本真的表达，是他的核心本质所系。如今，他成了按揭和大学贷款的奴隶，他感到自己失去了改变命运的自由。

斯图亚特的为父之道完全是自我投射。关于儿子的职业选择，他产生焦虑的根源是自己的心头独白：不稳定就是不好。身为第一代移民的他沉浸在这份焦虑之中，于是他决定左右儿子的命运。

只要自负感的柱石不受触碰，像斯图亚特那样，我们就无法真实地生活。如果我们带着自负感教养孩子，就说明我们想当然地认为自己的生活方式是最正确的。结果，我们将会驱使孩子进入我们的世界，导致他们错失机会而无法进入自己的世界。悲哀的是，当孩子在我们的专断下就范，听从我们的说教时，我们却感到自己是最尽责的。

我们的自负情绪是内心恐惧的面具，但其中最大的恐惧也会屈服于生命的神秘本质。当我们从自负感而不是从生命本质出发，就无法联络到孩子的真实内心。结果，他们一边成长，一边远离自己的本质，对与自己关联的一切事物都变得不再信任。带着恐惧感的生活将会使人受到遏制，不能展示不受限制的真实自我。因此，我们需要推翻自负感，允许自己的本真浮出水面，继而解放我们的孩子，让他们的真实自我也能蓬勃壮大。

如果我们把自己从自负感中解放出来，然后朴素地观察一下孩子自发成长的状态，他们就会成为我们的小老师。换句话说，真实的生活状态是我们不再把孩子当成空白的画布——任由我们在上面涂画想当然的景物。当我们把孩子当成同一旅程中的旅伴时，**他们对我们的改变将与我们对他们的改变一样巨大。**

问题在于，我们愿不愿意放弃"我知道"的错觉，迈出自负感、权威感的轨道，允许自己向身边的小生命学习，因为他们的生活状态里是最没有自负的。

要想真实地生活，而不是活在自负当中，我们就得敞开怀抱，不断地接受进步和演化。要明白我们是不断变化的生命，永远处在进化的过程中。不管生命里有多少喧嚣，最原始的本真都会召唤我们倾听心灵的最深处，那是一方宁静的天地。尽管这种本真的状态需要外部环境的支持与引导，然而它的存在却并不**依赖**于外部环境。相反，它需要的是与我们的心灵同步，时时刻刻与我们的身体连在一起。

当我们真实生活的时候，我们也许依然拥有感情生活、房子、车子、其他奢侈品（比如斯图亚特希望儿子拥有的那些东西），这些都是在自负感的驱使下人们乐于去追求的东西；然而当我们真实生活的时候，这些东西的存在目的就完全不同了。如果我们的感情生活、工作、房子、车子，以及其他身外之物变成了我们幸福的基础，那我们就成了自负感的奴隶；如果它们的存在是服务于我们正当的目的，那它们就成了我们真实自我的延伸。

尽管自负感在每个人身上的具体表现不同，但却有着共通之处——几种普遍的表现形式。了解各种自负感是怎样发生作用的，将对我们大有帮助。

形象的自负感

一天,史黛西接到了校长办公室的电话。她被告知,自己9岁的儿子尼克和另一个小男孩打了一架。她无法相信自己的宝贝儿子怎么也变成了"那种孩子",感到羞愧和挫败。该怎么办?怎么回应?

为了让自己获得解脱,史黛西开始责备所有其他人。她和校长争吵,和另一位男孩的家长争吵,并坚称自己的儿子受到了不公平的指责。她还给学区总监写信,汇报儿子的情况,声称尼克受到了不公正的批评。

在不自觉的情况下,史黛西带着自负感把整个事件看成是对她本人能力的质疑——她是个不称职的家长。她没有将自己同儿子的行为区分看待,感觉自己遭到了人身攻击,就像是被校长叫到办公室去接受责备一样,所以未经思考就把事情弄得很难堪。结果,尼克本该承担自己行为造成的后果,现在却要为母亲的言行不当感到内疚与尴尬。

许多父母都会陷入误区——将自己的尊严同孩子的行为混杂在一起。当孩子的行为违背常规的时候,我们就感到自己应当承担责任。如果我们不能将具体情况和内心的自负感分离开来,就会处理失当。

我们谁也不愿意被人当成不称职的家长,自负感需要我们在人前做一个优秀的家长。一旦我们感到自己不够完美、达不到期望值的时候,就会感到焦虑,感到自己在别人眼里"掉价"了。接着,我们就会表现得非常情绪化。

完美主义的自负感

绝大多数人都会抱有完美主义的梦想,然而这种情结会让我们无法与真实的生活达成同步。

例如,纳迪亚花费了3万美元为自己的儿子安排成年礼,精心设计每一个细节。虽然折腾了好几个月,但当那一天到来时,她还是高度紧张。

结果，当天的状况在纳迪亚看来是一个又一个灾难性的事故：一早就来了暴风雨，所幸她准备了预案，支起了帐篷；随后DJ塞车迟到，晚点了一个小时；不久，她又发现儿子醉了，并且在亲戚和有身份的朋友面前吵闹起来。

纳迪亚极为尴尬，大失所望。尽管客人在场的时候，她竭力维持着母亲的完美形象；但当客人离开后，她还是发作了。结果，她不仅破坏了儿子的宴会，也让他在留宿的好友面前下不来台。随后，纳迪亚又同丈夫争吵起来，和DJ也发生了冲突。因为场面没有达到自己的预期效果，她就弄得所有人都不开心。

当生活不像计划那么如意时，我们就会产生抗拒的心理，会闹情绪，因为我们感觉受到了威胁。当我们心中"应该怎样"的完美梦想破裂时，我们的自负感就凸显了出来。我们希望自己所爱的人和自己的生活都像受控的机器人一样有条不紊、毫厘不差。一旦达不到这个理想，我们看待人和事的态度就开始变得偏激过火。我们往往意识不到，凡事都期望童话般的完美结局，其代价也许是损害亲人的幸福。

当我们用传统方法教养孩子的时候，我们会敦促他们敬仰我们，因为我们就是这样被养大的。为了做一个好家长，我们觉得自己应该全知全能。我们很少意识到，当我们把自己塑造得无所不能时，反而会给孩子造成恐惧感和压抑感。孩子眼中的我们是一个难以企及的高大身影，如此一来，他们就会觉得自己格外渺小。结果，我们会给孩子造成一种印象：他们"不如"我们。这对于他们认识自己的能力构成了阻碍。

如果孩子总是觉得父母"无所不知"，凡事都能拿出完美的解决方案，那么他们在成长过程中会认为自己也应当如此。我们不愿意表现出自己的不完美之处，所以也会教孩子怎样掩饰他们的不完美。而他们真正应该了解的是：**完美无瑕才是个愚蠢的概念。**

纳迪亚为儿子安排成年礼的想法就很不得当。我们追求的目标不应是完美无瑕，而是接纳一个不完美的自己。纳迪亚的案例正好说明：她的儿子和她一样都是有缺点的，都会做出不得体的举动，也都会把事情搞糟。我们也不应该让孩子形成错觉，认为我们和他们永远是"一体"的。要想做到这一点，我们就必须放弃那种执念，不再坚持做一个"完美"的家长。

当我们坦然承认自己的缺点，不再以一种自我鞭挞的态度对待自己所犯的错误，并实事求是地看待问题时，也就是在向孩子传递一个信息：犯错是在所难免的。笑着面对自己的错误，坦承生活中的不安全感，这意味着我们不再盲目地相信世上有完美无缺这回事了。撤去了上下级的隔阂，我们就可以鼓励孩子与我们人对人、精神对精神地平等相待，并在此基础上与我们建立长幼关系。纳迪亚不能轻松对待成年礼中出现的问题，令人遗憾；如果她能做到谈笑面对，就等于送给儿子一个极为珍贵的经验：我们应当坦然接受现实，包括我们的错误行为。

我们要做的仅仅是以身作则。当孩子意识到我们能完全接受自己，他们也会坦然接受自己的一切。如果我们做了不得体的事，但却能够诚恳面对，就等于告诉孩子：不要把这些事太放在心上。在尝试新事物的时候，如果我们能抱有一种自嘲的态度，就等于教给孩子：去探索生命和生活吧，别太在意"看起来"怎么样或是表现如何。

我不知道纳迪亚有没有故意在她儿子面前"犯过傻"，比如唱歌、跳舞或其他不太理智的举动；目的是告诉儿子：我也不是做什么都完美无缺。这样做可以鼓励我们的孩子去做一些不太确定的事情或进入一些不太熟悉的新领域。我不知道纳迪亚是否曾站在同一高度上，同她的儿子以及他的小伙伴一道做过游戏；也不知道她是否曾毫不犹豫地蹲下身子学驴叫或假扮青蛙王子。一旦孩子看到我们低下身与他们保持同样的高度，我们之间的距离就拉近了，就可以建立一种活泼而没有压迫感的联系。我也怀疑纳迪亚是否曾毫不掩饰地在儿子面前趔趄、摔跤、哭泣或者弄脏衣服。她是否曾向孩子表明：清洁不够彻底的房间、修剪不够精心的指甲、描画不够完美的妆容其实都无关紧要？如果我们这样做了，也就是在告诉孩子："不错"也是足够好的。

如果我们接受自己的局限性和不完美，就等于为孩子做了件好事，向他们透露出宽容的信息。如此一来，孩子也就能从容自如地扮演好属于自己的角色；他们会看到一个自然幽默的自己，再也不受自负感的羁绊。

身份的自负感

对许多父母而言，身份是个巨大的问题。举个例子，迈克尔没有被常春藤大学录取，而是进入了当地一所州立大学，他的父母为此长久地沉浸在羞耻感之中。母亲詹妮特在刚刚得知这一消息后非常震惊，简直不知道如何告诉亲朋好友自己的儿子要去那种"不入流"的学校。要知道，她和丈夫是从耶鲁和哥伦比亚大学毕业的。

詹妮特向迈克尔表达了自己巨大的失望，迈克尔也明白自己辜负了母亲的期望。但事情已经无法挽回了。在父母眼里，迈克尔不仅辜负了他们，而且还破坏了宝贵的家庭传统。迈克尔带着耻辱感进入了医学院预科。他给自己施加了极大的压力，为的是向父母证明自己是个值得信赖的儿子。然而，他却和最真实的自我渐行渐远。

很多人对成功的理解是僵化的，往往持有一些外在的衡量标准：高收入的工作、豪华的汽车、高档的住房、优雅的社区、体面的朋友等。一旦我们在某项任务上失败，或丢了一份工作，或发现自己的儿女不那么锐意进取，就会感到自己似乎遭到了完全的挫败。一旦核心价值受到了威胁，我们的感情就会激烈地爆发出来。

一旦抱定了某些理想概念，我们就会把它们施加给自己的孩子，并且坚持要求他们努力胜任我们设计好的人格角色。我们忽略了一件事：孩子有他们自己的热情和冲动。我们没有意识到，只有彻底肯定孩子独立自主的精神，我们才能抓住为人父母的精神要领。

有一点很关键，我们应该放弃疑虑，不要对孩子固有的精神世界抱有怀疑的态度，不要总想纠正他们的"错误"。对家长来说，允许孩子的精神在不受支配的情况下萌芽生长,确实是个挑战。孩子就是我们自己的延伸——谁能摆脱这种无情的思维定势呢?我们愿不愿意为他们留出内心的空间,允许他们自由绽放,而不受我们意愿的笼罩呢?

如果这些条件都具备了,我们还必须在心里开辟出空间,那里不能有占有欲和支配欲的存在。唯有如此,我们才能见到孩子的本真,而不是我们期望中他们的样子;唯有如此,我们才能彻底地接纳孩子,而不在他们身上附加我们的设想与干预。

在交流过程中,如果我们能时刻尊重、赞赏孩子,就是教他们去尊重、赞赏他们自己。从另一方面说,如果我们力图转变孩子当前的状态,改变他们的行为以适应我们的要求,就相当于向他们传递了一条信息:做真实的自己还不够。结果,我们的孩子将会采用一套新的人格面具,逐渐脱离本真的自我。

身为父母,放弃我们对孩子的设想,放弃替孩子书写未来的欲望,这个心灵过程是最难熬的。它要求我们放弃以往所有的计划,进入一种彻底放手的境地;它还要求我们放弃对孩子的一切前瞻,仅仅对眼前最真实的孩子作出反应。

规范的自负感

我们喜欢把自己看作是"以结果为驱动"的动物。我们习惯于从起点A进展到终点B,希望生活中的沟通互动都能够井然有序。不幸的是,生活本身不是严丝合缝的;它既不会为我们预先安排好解决办法,也不会提供现成答案。为人父母之道更是如此。这就是为何当孩子打破了家庭的原有模式,父母就备感艰难的原因。因为孩子想做真实的自己,做自己想做的事,即使那样意味着不合群。一旦孩子威胁了我们渴望整体一致的自负感,我们就会感到情绪的波动。

我想起了克丽丝塔的例子。她总是表现得与众不同;比朋友们反应慢，比其他女孩子更情绪化，更容易陷入低谷。她很懒惰，她的父母却很勤奋；她喜欢做梦，她的父母却很实际；她对外表很不在意，她的父母却很重视外表。她的父母对此不胜其烦，几乎就要失去耐心了。

尽管克丽丝塔也不想这样，但她知道自己让父母很难堪。她雄心勃勃的母亲正在社会上苦苦开拓属于自己的空间，所以对她尤其感到厌烦。实际上，克丽丝塔不知道怎样才能成为父母期望的那种小孩；尽管她努力了，然而不论做什么似乎都显得不够。

我们排斥孩子按照固有的方式做人，往往是因为我们私下认为自己"凌驾"于现实之上，尤其是当现实看起来一团糟的时候。我们对自己说，那些糟糕的情况可以发生在别人身上，但绝不能发生在自己头上。忙碌于漏洞百出的生活，同时暴露出自己的无能为力，这对我们来说是一种威胁。因为我们拒绝接受生活的本来面目，于是渐渐形成了一种态度，认为自己比芸芸众生更为高明。孩子一旦触犯了我们这种自我形象，我们就会把他们当作敌人。

同克丽丝塔不同，艾玛也许算是家长心中的完美孩子。她很听父母的话，一切都做得很出色，又很讨人喜欢。艾玛加入了和平队，开始周游世界。她的父母大为高兴与激动：他们的女儿热衷于帮助受苦受难的人，似乎这也反映了他们自己的品质。

在旅途中，艾玛同一位印度青年相爱了。当他们打算结婚的时候，艾玛的父母却不同意，坚持她"可以有更好的选择"。为了阻止这场婚姻，艾玛的父亲丹尼尔断绝了和女儿的联系；母亲艾丽虽然没有那么极端，却也明确表示不开心，并且利用一切机会对女儿的选择表示轻蔑。

艾玛苦恼极了。作为一个一贯讨父母欢心的女儿，她终于和那个印度男孩分手了；几年后，她同一个门当户对的青年结了婚。直到今天，艾玛依然把那个印度男孩当作是心灵伴侣，再也无法像爱他那样去爱别人。她发现自己太懦弱了，不敢违背父母作出选择，只能暗自吞下苦果。

很多父母都认为，自己一生当中要同许多人打交道；在这其中，起码

第 4 章
对自负感发起冲击

儿女应该顺从自己的意愿。如果孩子不屈从，而是敢于选择自己的生活方式，我们就会感到受了冒犯。一旦我们无法温和地赢得孩子的顺从，我们就会暴躁起来，不由自主地认为他们在挑战我们的权威。当然，由此造成的疏离感会让孩子对我们撒谎；有时他们还会欺骗、行窃，甚至断绝与我们的关系。

如果我们不需要孩子同我们达成统一的意志，那就能够与他们建立一种互相提升、互相补偿的关系。那种居高临下的权威感也就不复存在了。

渴望控制的自负感

如果父母对我们的情绪表达控制得很严，那我们就会早早学着竭力控制自己，以免引起批评。我们认为情感的流露意味着软弱，所以压抑自身的情感就变成了一种自然而然的策略。同时，我们还会为周围的事物乃至生活本身确立起僵化的标准。我们感到自己必须对事物表达不同意见或作出评判，优越感会让我们自以为能够掌控情绪和生活中的一切异常情况。

如果一个人通过控制、批评、责备、挑剔、评判，乃至展示自己"卓越的知识"向别人展示权威，那么他展示的非但不是高贵的灵魂，反而是贫瘠的灵魂。如果孩子从未见过父母的弱点、稚气，甚至笨拙，那他们怎么会有勇气袒露自己的弱点？

如果在这样压抑的气氛中成长，我们就会裹足不前，不敢冒险，也不敢犯任何错误。因为我们害怕父母沉闷的否定和反对。我们知道父母迟早会反对，所以我们永远不会真正"启航"去经历生活的风浪，而只会待在温室里，毫无风险地自己玩耍。当然，因为我们甘愿"受控制"，在学校里我们会做老师的小天使，代价则是失去了本真。

在家长这种自负感的影响下，我们会把权威和控制看作是一种提供庇护的手段。我们一旦形成了这样的观念——人分为有权力的人（比如成年人和更有知识的人）与没有权力的人——就会告诉自己：我必须时刻好好表现，控制自己的情绪；我必须时刻做到有逻辑、讲道理。带着这样的世界观成长起来的孩子，长大以后也无法获得内心的活力。如果身为父母，他们很可能格外需要控制自己的儿女；如果身为老师，他们也会格外想要控制自己的学生。他们会变成绝不容忍他人触犯自己的地位，并且利用自己的地位去压制他人的成年人。

克里斯托弗和他17岁的继子杰登是我见过的最为吵闹的一对父子。杰登情绪焦躁，因为他的父母离异了；于是，他顺理成章地将自己的烦恼情绪转移到继父身上。克里斯托弗则把杰登的排斥看成是对他本人极大的冒犯。克里斯托弗无法接受自己没有得到一家之主的待遇。他要求杰登尊重他，但没有达到目的，所以他变得异常恼怒。他既找不到接近杰登的办法，也没有站在孩子的立场上看问题，所以他不能忍受杰登对他的排斥。

由于自己的权威对继子毫无作用，克里斯托弗每天都会和杰登发生争吵，他将这个少年逼到了无法招架的境地。他还经常当着杰登的面同他的新任妻子争吵，逼着她表明立场；并且威胁说如果不能改变她的儿子，就同她分道扬镳。事情变得越来越糟。后来，只要杰登发现家里只有自己和继父时，就不愿走出自己的房间，直到母亲回家才会出来。他竭力想要缓解自己的痛苦和愤怒，于是开始和不正派的人交往，结果学业也开始恶化。

克里斯托弗对自己身为丈夫和继父的新角色缺乏安全感。他没有意识到自己内心的挣扎，反而把杰登看作自己不安的原因。他没有意识到，"我"和"你"是不可以分割开来的，因为我们都是这趟旅程的同路人。如果克里斯托弗能够明白这一点，他就会看清自己是在利用杰登掩盖自身的痛苦；他就会意识到，自己是在借着攻击杰登来消灭自身的无奈感；他还会意识到，杰登对他缺乏尊重也反映出了他对自己缺乏尊重。控制欲是根本无法改变上述一切的。

渴望控制的自负心态已经一代代地传承了下来。拥有此类父母的孩子就在这种影响下长大，继而变得事事都力求完美，甚至达到了执拗的程度。他们不善表达自己的情感，于是就把情感藏在心里，性格也变得很死板。由于他们僵化得很严重，对任何事情都要分出黑白对错，所以他们往往会受到同龄人的冷落。因为他们会在不自觉的情况下表现出优越感，对同龄人作出盛气凌人的姿态，并且将其他伙伴的行为视为"不成熟"。这样的孩子从来不会放松，更别说"痛快"一下了。他们吃西瓜时绝对不会把头埋进果肉里，而会规规矩矩地使用餐巾、刀、叉。

具有讽刺意味的是，一个人带着这样局限的世界观长大，也许会变成另外一种家长——偏偏要让自己的孩子疯跑疯闹，因为自己小时候不被允许这样做。这种家长习惯了接受控制，所以也会任由自己的孩子控制自己，重复着童年时受控的经验。

相比之下，如果当事情不顺时，父母不能控制自己的情绪，那么他们的孩子也会沉浸在负面情绪中，其情感模式也会受到影响。这样的孩子就像炮仗一样一点就着。显然，他们误以为只要自己反应强烈，现实就会屈从于他们。

一个人如果受到了这种自负心态的影响，那么当他经历生命的低谷时就会变得暴躁易怒。他们的躁怒实际是为了遮掩自身的不安全感。当他们经历无助的痛苦而感到无法适应时，自负感就会将不安全感转化为愤怒和气恼。愤怒是强大的兴奋剂，它诱使我们误以为自己很强大、很有控制力。然而恰恰相反，愤怒的时候恰恰是我们最失控的时候，我们变成了自负感的囚徒。

我们可以走出自负感的羁绊

我曾经把孩子对自负态度与他们对纯真态度的反馈进行对比，然后将案例同父母们分享。我发现这样有助于促使父母区分自负做作和本真坦白。两者的差别在于，前者是思想驱动的行为，后者是真心驱动的行为，即"应该如何"与"接纳现实"的区别。

下面给出一些源于自负态度的反应：

讲大道理："如果我是你……"
发表意见："要是你问我的话……"
作出判断："我喜欢……"或"我不喜欢……"
发出命令："不要难过。""不许哭。""不要害怕。"
施加控制："如果你这样做，我就会……"或"我不能接受你这个样子。"

下面给出一些源于真心流露的反馈，也是我们真实的自我：

接纳对方，把他当作独立的个体："我了解你。"
接纳对方真实的自我："我懂得你。"
尊重对方真实的自我："我听见你了。"
赞赏每个人完整的自我："你就是你自己。"
认识到生命本身的美好："我们俩在一起，这一刻真完美。"

我们的自负感可能会在一瞬间被激发，甚至来不及反应就已深陷其中。尤其是当我们在约束孩子的时候。如果我们处在焦躁、挫败、疲乏的状态下，就很有可能把管教孩子的事情弄糟。我们为孩子设定的许多行为规范都来自于内心的冲突、矛盾或厌倦——自负感往往会在此时找上门来。

我们绝不能用自己的情感状态遮掩住孩子，不论遇到什么样的刺激都不能。如果我们意识到自己产生了自负感的苗头，就会发现自己处于脆弱的状态，这将使得我们的判断出现偏差。我们只有处在平和的状态时，才能对孩子的行为作出恰当的反馈。

无论何时当我们要对孩子作出反馈，最好先认识到：孩子是通过我们这些成人首次确立自己的身份意识的，所以从某种程度上来说，我们等于是在和自己的一部分进行交流。因此，我们总是无法把孩子当作他们自己，而会将他们视为"迷你的我"，这样当然会加深我们的自负感。我们意识不到，当我们自以为在对孩子作出回应时，其实常常是在同内心里自己的一部分进行交流。所以，我们会发觉自己对孩子以及他们的感情、问题等关切过度。由于我们无法将自己的情感与他们的情感区分开来，也无法做到客观、理性，所以常常误以为他们也在经历着我们的过去。在这个相当复杂的心理过程中，我们会不自觉地遏制孩子彰显自我的能力，毫无必要地将他们限制在我们的心灵世界里。

消灭为人父母所引发的自负感，对我们和孩子来说都是一件美好的馈赠。然而，这也意味着我们需要经历一个不稳定的过程。当自负的柱石坍塌下来的时候，我们面临的是一片废墟，而本真的殿堂尚未建立起来。这个过渡期通常发生在孩子出生后到小学低年级之间，它会引发一种失落感，继而是一种迷惑。随着孩子日渐独立，我们面临着生活的空虚——曾经由孩子长期填补；如今它凸显出来，因为孩子似乎越来越不需要我们了。这种感受到了孩子十几岁的时候尤为强烈，特别是当他们离开家以后。在我们力图自我改造的时候，会害怕面对镜中的自己。有些父母由于感到同孩子分隔太久，所以想起此事就感到恐惧。负罪感、伤悲、忧虑……都会涌上心头，因为我们需要重新回归到"自我"的世界。但如果我们重新进入"自我"的空间，并由此找到焕发活力的潜能，就能体验到我们天然的本真，最终找回最真实的自我。

只要我们愿意，孩子就能以各种方式将我们带回自己心灵深处的某个地方——一个我们从不知晓的存在。如此一来，孩子将摆脱我们自负感的束缚，帮助我们拓展真实自我的感觉，促使我们能够无条件地去爱，充分享受当下的生命，最终进入觉醒的境界。

这将是多么可贵的事情！同孩子一起成长，发现彼此的不觉醒，从而共同受益、共同进步；同时一起克服自负感，进入更真实、更纯粹的状态。

第 5 章
孩子"带我们长大"了吗？

父母应当把孩子在自己心中触发的反应视为精神成长的机会。

如果父母允许孩子体验自己的真情实感，他们就会迅速获得释放。

如果父母放下抵触情绪与主观臆测，平和客观地看待孩子的行为，就不会遭受负面情绪的困扰。

情感如潮汐，痛苦如波涛，有来有往，有起有落。平静地见证自己的思想与情感，我们就能学会接受它们的本来面目，而不会作出消极的反应。

第5章
孩子"带我们长大"了吗？

孩子的吸收能力强，他们会像海绵一样浸泡在我们的愚蠢和狂乱之中。因此，我们必须对自己所经历的情感提高警惕，以免不恰当地在孩子面前宣泄出来。我们只应告诉孩子那些自己反复经历后得出的感悟。如果孩子看到我们总是把自己的感受强加于人，或者由于别人缺乏我们具有的经验而责怪对方，那么孩子也会重蹈我们的覆辙。反之，如果孩子发现我们勤于创造自省的机会，随时能够承认自己的错误，那么他们也将学着勇于面对错误，并且有能力纠正错误、逾越障碍。

要成为觉醒的父母，意味着我们在同儿女的互动中要勤于自问："我是否在用一种恰当的方式对待孩子，我是否受到过去经历的左右？"我们关注的焦点始终应是作为父母的自己："我此刻的所作所为对长幼关系有何影响？我的一言一行是不是自己经历的流露，而不是孩子该听该看的？"

尤其是在养育孩子的最初几年里，父母的表现犹如一面镜子。如果我们自己找不到通向快乐之路，自然就无法映照出孩子的快乐。于是，他们犹如面对着一道栅栏，同某些最本真的天性隔离开来。如果孩子不能依着天性享有那份原始的快乐，该是多么悲伤啊！

我们的觉醒和不觉醒不仅能通过深藏不露的内在痛苦表达出来，也能通过外在的仪态流露出来；即使我们什么也不说，什么也不做。我们在清晨如何拥抱孩子？当他们打破了我们心爱的花瓶时，我们该如何应对？在发生交通事故时，我们该如何处理？我们如何坐下来同他们聊天？当他们向我们展示一件东西时，我们是否在认真观看？我们是否真的对他们的话感兴趣？……这一切都对孩子影响巨大。当我们向他们提出不正当的要求或问题时，他们不仅能注意到，而且能感觉到我们什么时候在发难，什么时候在退却。他们会由于受到我们的赞美而感动，也会因为受到责备而伤心。他们能感受到我们出现时无言的气场，也能感受到获得接纳或遭遇拒绝时无形的能量。所有这些交流的传递方式只有两种：觉醒或不觉醒的交流。

如果我们自己的井里空空如也，怎么能为孩子提供充足的水源呢？如果我们自己得不到充实满足，将会利用孩子来填补空虚。我们会无意识地教导他们如何与我们未曾解决的恐惧、我们对空虚的抵触以及我们忘却的谎言相处。这就是未曾解决的失落感带来的影响。

直面自身的消极反应

通过孩子，我们可以听到丰富的交响——源于我们自身的不成熟。这是因为他们能够唤起我们强烈的情感，使我们感觉对事物失去了掌控，与这种感觉相伴的是挫败、不安、焦虑。

当然，我们的孩子不会"使"我们有这种感觉。他们仅仅是唤醒了我们童年时遗留下的不曾解决的情感问题。然而，由于我们的孩子既容易受伤又比较弱小，我们自觉可以由着自己的反应随意地责备他们。要想获得转变，我们就必须认识到，问题不在于孩子，而在于我们自己的不觉醒。

我们怎么会对孩子有那么多过分的反应？这不仅是因为我们从家庭背景中继承了自负感和角色意识，也是因为我们继承了一种情感"签名"。在我们的角色意识和情感特征背后，存在着一种独特的情感烙印。这是由于在幼儿时期，我们的自我意识尚未发展起来，自我防卫机制也没有形成，所以很容易受到环境的影响。我们会积极地同父母的情绪状态相互作用，吸收他们的情感烙印，直到将它内化为我们自己的烙印。除非到了生命的某个阶段，我们意识到自己的情感能量来自于父母，否则我们注定会将这种烙印传递给我们的孩子。

因为社会或父母没有教会我们如何感知内心的宁静，也不曾帮我们发现痛苦与快乐的根源，所以我们只能对外部的影响作出反应。由于我们没有学习过如何观察自己的情感，尊重它们，与它们相处，并与它们共同成长；所以我们对外部刺激的反应就变得愈来愈恶化，也为日后的情感风暴埋下了伏笔。

如果我们在成长过程中压抑自己负面的情感，久而久之它们就会形成阴影。一旦我们的情感同觉醒分离开来，情感会暂时变得沉寂，但随时都有可能被激发出来，这也正是许多父母会出乎意料爆发的原因。一旦这些情感在另一个人的影子下受到刺激，我们会发现自己对这个人心怀忐忑。我要在此强调，只有那些在我们心底投下影子的人才能够刺激这些情感。在无意识的情形下，为了让自己感到舒服，我们会在面对这道阴影时将情绪发泄到他人身上；在这种情形下，我们也会把对方当作坏人。由于我们不敢面对自己压抑的情感，所以每当我们看见他人表达了这些情感，心里就会产生厌憎，进而形成抗拒、怨怼，甚至还会引起个体仇杀。

为什么父母会在孩子青春期到来时与他们发生冲突呢？婚姻为什么会破裂呢？为什么人们会产生种族情感或走上犯罪道路呢？这些事情会在我们释放内心痛苦的时候发生，也就是当我们同心里那道阴影分开的时候。举例来说，如果我们小时候受了欺负，成年后就完全不能接受自己的孩子再受欺负，除非我们能化解自己心里的痛楚。如此一来，我们或者会使自己的孩子缺乏情绪处理能力，或者会要求他们不论面对任何事情都不能表现出脆弱。当他们确信自己必须表现得坚强而又自控，他们就得学会一副男子气概，哪怕心里一点也不坚强。我们自身关于坚强和自控的问题，会通过无数种微妙的形式转嫁到孩子身上。

一旦周围的人或事触动了我们的开关，我们就会轻易认定生活在与我们为敌。我们想象着生活在"背叛我们"或"欺骗我们"，虽然生活本身是客观中立的。我们误以为生活一向都是残忍的。

现实中往往没有"敌人"的存在。那些刺激我们恶性反应的人只是普通人，当时的情境也只是普通的情境。我们把他们当作敌人，只是因为我们没有能力理解与掌控自己心里的阴影，所以将其投射在他人身上。

当我们的情感受到刺激，更为有益的回应是将情感冲动视为一种信号——它标志着我们自身所缺乏的东西。换句话说，情绪反应性是对内心成长的一种关注。一旦我们认识到现实中并不存在敌人，存在的只有内心成长的向导，这些向导是生活中的一面面镜子，可以映照出我们心里被遗忘的"自己"；那么，生命中的挑战就变成了获得重生的机会。我们如果在生活道路上遭遇障碍，无论是某个人还是某种状况，与其把它们当作敌人对待，还不如停下来问问自己："我从中看到自己缺少的东西了吗？"我们会认识到，外在的缺失是由内心的缺失引起的。

意识到这一点，我们就会对那些构成障碍的人与事心存感激，感谢它们善意地映照出了我们内在的缺失感。于是，我们同他人的割裂状态便不复存在；因为他人不再是与我们无关的人，而变成了我们内心状态的一面镜子。我们将精神的课堂引入到了自己的生活中，因为我们内在的本真渴望改变我们的日常行为。

任何经历都不会比为人父母更能唤起人们的情感反应，所以身为父母，我们应当把孩子在我们心中触发的反应视为精神成长的机会。当我们将从来不曾见光的情感阴影置于聚光灯下，就获得了绝好的机会来克服自己反应过度的防卫心理。其实，对于家长和孩子来说，教养之路都有可能成为一场焕发生机的旅程。在这个历程中，精神和精神相互交流，长幼双方都能乐在其中地享受每一场精神之舞。一旦获得了这样的认识，我们对彼此的回应就会充满创造力，而不再有破坏性。

发现自身情绪化的本质

我们每天都会受到外界的刺激。身为父母，我们更加容易受到刺激，因为孩子时刻在我们身边，而且随时会需要我们。

不过，等孩子下一次激起我们情绪的时候，与其带着挫败感作出回应，我们不妨问自己："我们被什么刺激到了？"这好似一种反观自省的愿望，这种自省不需要你反思情绪的源头，只需要你认识到：情绪来自于你本身，而不是由他人的行为引起的。这将使我们获得充分的时间以延缓思索，避免过激的反应，从而作出更恰当的反馈。

大多数人都有能力在浅层次上认清：自己会在什么情况下受到刺激而闹情绪。比如，"孩子对我无礼，我就会生气。""孩子不做功课，我就会发作。"或"孩子染发了，我就会受刺激。"这些都是表层的原因，那我们真正受刺激的原因是什么呢？从根本上说，我们到底经历了什么样的体验呢？

一触即发的状态说明我们对生活中的事充满了抵触。反应过度其实是在说："我不想要这种状况，我不喜欢这个样子。"换句话说，我们之所以对孩子、伴侣或朋友身上表现出来的生活现状抱有抵触，是因为我们拒绝接受生活的形态。这是因为我们心里的理想形态——我们的自负感——遭到了撼动，这让我们感觉到了威胁。在这种状态下，我们的应对便失去了智慧与创造性，而只能消极地抵触。而我们每个人独特的生活状态、性格、人格决定了我们消极抵触的方式。

"觉醒"的意思就是保持清醒，真正的清醒，对我们经历的一切事情都保持清醒。其中包括能够按照**现实的本来面目**去接受和应对它。现实也许同我们认为理所当然的不同，然而**现实就是现实**。

保持觉醒的状态意味着，我们在面对现实时，要清楚地了解它的固有状态。我们因势利导，清醒地作出选择，不去妄图控制或改变它。我们会念诵经文："现实就是现实。"也就是说，我们教养孩子的时候要依从他们的本性，而不是一味让他们依从我们的愿望。这就要求我们接纳孩子**固有**的本真。

此前我提到过，当我们拒绝接受现实的时候，比如不接受孩子的本来面目或某些具体状况；我们会想象着，如果自己足够气愤、足够悲伤、足够开心或足够强势，事情就会随着我们的心意而改变。然而事实正好相反。由于没有能力面对真正的现实，我们会不断碰壁。因此，接受现实而不是抗拒它，就成了我们实现转变的第一步。

放弃控制欲能够使我们更加渴望学习。对真实的生活作出回应，确实是我们学到的最为重要的一课。关键就是从现实出发，而不是从它的对立面出发。我们要站在孩子的立场上对他们作出回应，而不是迫使他们按照我们的意愿行事。

要接受真实朴素的教养方法其实很简单。即使孩子正遭受痛苦、陷入紧张或怒气冲冲，我们是否也能以平常心彻底地接受他们？我们能否完整地认清这一切，最真实的一切？一旦我们接受了自己的孩子，接受了他们的真实状态；那么即使在闹情绪时，他们也会在我们接纳的态度面前缓和下来。当这种缓和出现时，我们也就能理解该如何正确应对而不是消极抵触了。

如果在暴戾、不悦、疏远中成长，或是伴随着情绪化的父母，孩子就会误认为生活里充满了对立。所有的情景都变得需要"应对"，我们的潜台词就成了："你怎么敢这样？""情况怎么会是这样？"和"他们怎么敢这样？"

人们一旦陷入这种情绪之中，就会带有沉重的权力感，结果他们会反复告诉自己："我应该得到更好的。"他们认为生活应当为自己提供快乐的经历，所以他们不惜代价地避免痛苦。当生活不如意的时候，他们很快就归咎于他人，宣称："都是他们的错。"这样他们便可以安慰自己："我有权利急躁不安！"

携带如此情感烙印的孩子一旦变成了家长，也会对自己的孩子发脾气。如果孩子的表现同父母的计划有出入，没有遵守父母的命令，而是按着自己的步调发展，那么父母也许会用暴怒的方式对其施加控制。在这种教养方式下长大的孩子从中学会了恐惧，而不是尊敬。他们相信，改变事物的唯一方式就是对他人施加凌人的威权；结果，他们依样画葫芦地教养自己的孩子。有朝一日，这些孩子也将变成小独裁者；他们会带着敌意回应周围的世界，甚至会变得暴力。

如同之前提到过的，一个孩子如果完全被笼罩在父母的盛怒之下，那么多年以后当他自己变成了家长，就很有可能将受辱的童年阴影复制一遍。连表示尊重都会感到缺乏安全感的家长，只能导致孩子变得自恋，并最终变成一个在自己的孩子面前无力无助的家长。

如何善待自身的痛楚？

如果不加阻碍，孩子会很自然地体验到自己的各种情感。他们会自发地顺从自己的感情，随性地释放它们。如此，他们的情感律动便如潮起潮落，一派自然。

我们成年人往往害怕屈从于自己的感情。我们发现自己对一些感情很难容忍，比如嫌弃、恐惧、焦虑、犹豫、怀疑、悲伤等。因此，我们不愿意面对自己的感情，不是逃避抗拒它们，就是将其转嫁给他人，或者通过情绪化的反应将其发泄出来。很多父母都会采取各种手段来逃避自己的感情，比如学习新知、努力赚钱、做整容手术、扩大社交圈等。或者我们会采取一些方法转移自己的痛苦：确信某些人是造成自己痛苦的罪魁，然后责备、憎恨他们，向他们宣泄怒火。

一个觉醒的人不仅有能力容忍情绪的波澜，还能接纳这些情绪——**所有**的情绪。当我们不知道如何尊重、欣赏自己的感觉时，也就不会尊重、欣赏孩子的感觉。如果我们生活在虚伪的状态之中，孩子也会学着扭曲情感，同样程度地陷入虚伪的状态。如果我们鼓励孩子自然而然地表现真实的自我，不到万不得已绝不制止他们；那么他们就不会否定自己的感情，也不会把自己的情绪转嫁给他人。因此，如果我们想教会孩子怎样拥有完整的生活，怎样在生活中对自己的行为完全负责；我们就要尊重、欣赏他们的**全副**感情，这意味着他们不需要人为地制造自己的影子。这样他们就能享有相对完满的生活——一切行为和人际关系都充满活力地相互联系。

不过需要强调一点，体验自己的真实感觉同情绪化的反应是有区别的。很多人认为，当我们气愤或悲伤时，就表明我们在感受自己的真实感觉。但正好相反，它们往往只是我们流露出的一种消极反应而已。真正地感受一种情感，意味着我们能够冷静地坐下来面对不和谐的体验，既不宣泄也不忽视它们，而是容纳和面对它们。

感受到了自己的情感却不作反应，后果可能很严重。平静地面对情绪就等于承受孤寂，这对很多人来说是难以忍受的。一旦有了念头，我们就会受到触动；一旦有了情绪波动，我们就会作出反应……我们早已习惯了这种机制。例如，当我们感到焦虑，就会依靠饮食或其他自我医治的手段。当我们生气时，则会寻找宣泄点或迁怒于他人。坐视自己的思想和情感波澜而无动于衷，会显得很没有道理；但恰恰只有如此，我们才能学会觉醒。平静地见证自己的思想与情感，我们就能学会接受它们的本来面目，允许它们在体内潮起潮落，而不会作出消极的反应。

一旦学会了同自己的情绪共处，它们就不会再让我们手足无措。一旦我们毫无保留地接纳而不是简单地放弃它们，我们就会发现，痛苦仅仅是痛苦，没有附加的意义。是的，痛苦不是好滋味，这是肯定的。但是，如果我们不给自己的痛苦添加抵触和抗拒，而是泰然处之，那么痛苦就会转化为智慧。我们越是能够容纳各种感情，智慧就越能随之得到提升——不管你包容的是什么样的感情。随着智慧的提升，同情心也随之增长。

一旦我们学会了接受自己的全副感情，就可以与生活共舞。这意味着我们明白了，生活不总是按照计划进行，而有它自己的规律。当孩子看到我们的"舞蹈"，他们也会跟着理解：真实地感受一切情感，才是生活与成长之道。他们也将学会克服对自己情感——哪怕是不安甚至痛苦——的恐惧。于是，他们将不会遭受任何形式的扭曲。

如何应对孩子的痛楚？

当孩子受到身体或心理的伤害时，父母可能觉得难以忍受。当孩子情感受伤时，我们想要解救他们，部分源于我们自己无法直接缓解他们内心的痛苦。于是，我们会给校长打电话，对老师吼叫，或对其他孩子的家长发出抱怨；但我们却不曾意识到，这样做反而会加剧他们的痛苦，还会使他们自己（和他人）减弱承受痛苦的能力。

如果我们希望孩子驾驭自己的情感，就必须教会他们如何先向自己的情感缴械。当然，这与沉溺于情感或消极抵触是不同的。缴械的意思是接受这些情感的真实面目，我们的痛苦也就随之确定了。如此一来，我们就是在鼓励孩子真实地体验自己的感受。我们邀请他们进入一个开放的空间，将他们所经历的痛苦安放其间。

在桑德拉的例子里，她的父母没有允许她将痛苦引入开放的空间。桑德拉是个8岁的女孩，略微有些发胖，戴着高度近视镜。她常常被班里的同学取笑、排斥。她对自己的外表极为敏感，竭力想融入人群，所以她尽可能要求母亲为她买最时髦的衣服、包包和鞋。她的母亲是个时髦的年轻妇女，对女儿有求必应。有时候，桑德拉回家后长时间地哭闹，不做功课，让母亲感到难以忍受。她的母亲对女儿的外表也感到羞耻，于是便为桑德拉买了跑步机，并聘请了一名营养师，逼着女儿做运动，调整膳食，控制热量摄入。母亲还定期带桑德拉去做头发，还给她买了隐形眼镜。这位母亲还给学校打电话，要求同老师们开会，希望自己的女儿不被同学孤立。她不仅请了理疗师为自己和女儿做治疗，还使用药物缓解焦虑。

这位母亲没有能力处理女儿的痛苦，更不用说帮助女儿独立应对痛苦了。于是，她也就无法让孩子抓住机会去感受自己的情感。在母亲的影响下，桑德拉没有直面受伤与被孤立的现实，反而认为只要改变外在形象，同伴们就会接受自己。结果她会认为，应对痛苦是太恼人的事情，应该彻底不予考虑或用各种招数来掩饰，比如归咎于他人或是修饰外表。由于桑德拉所作的一切努力都是在扭曲和掩盖痛苦，而不是面对它，所以她越来越认为外在表象比内在感受更有意义。当然，她最需要的是一种帮她解决逃避与抵触情绪的手段。

如果我们允许孩子体验自己的真情实感，他们就会以惊人的速度获得释放。他们会脱离痛苦，因为他们明白痛苦仅仅是另一种情绪的体现。对痛苦的预期、提防往往比痛苦本身还要令人难以忍受。一旦我们的孩子体验到痛苦最纯粹的形式，而没有为其徒增抗拒或反应，痛苦本身就会转化为智慧与希望。

一旦他们的情绪经过妥善处理，孩子就不需要像成人那样长久地把它们闷在心里。孩子凭着悟性会了解到，情感如潮汐，痛苦如波涛，有来有往，有起有落。我们这些成年人之所以会放不下，是因为我们的精神受到了纷扰，受到了过往烙印的影响。我们的思想误以为痛苦的感觉会永远存在，实际却并非如此。真正的原因在于我们无法放下。

我们的问题部分源于我们不习惯独自应对与化解痛苦。我们更倾向于将自己的痛苦转嫁于他人，用内疚、责备、愤怒捆绑住他们。或者我们会养成一些不良嗜好，比如贪食、酗酒、工作狂、吸毒、药物依赖等。我们试图运用外在手段来控制痛苦，从长远看，这样做只能加深痛苦的印记。真正的良方是直面自己的感受，见证自己的痛楚，清楚地认识到痛苦的源头其实来自我们的自负感。

一旦孩子了解到痛苦是生命中自然固有的一部分，就不会如此惧怕它，只会坦然承认："我正在痛苦中。"无需诉诸理论、无需判断、无需抵触，他们只需面对它。趁孩子年轻时，我们就要教会他们淡然面对痛苦。如果他们想谈论这些经历，那就去谈论，我们需要做的就是点点头或淡淡说一句："我懂了。"无需逻辑、殷勤鼓舞，抑或任何揠苗助长的手段，他们需要的只是一个开放的空间。

还有，如果痛苦延续得较久，我们也该将其视为生活中的必然遭遇，无需大惊小怪。也许我们该把它看作是一件拥有自己的颜色、好恶、情绪的东西。说到底，我们不该奢望孩子顶着痛苦而变得"快乐"。相反，我们应该期望他们经历与表现真实。

一步一个脚印地做

要想不再消极抵触，首先要认清：我们一直以来所采取的行为方式，并非真实自我的反应，而是不觉醒的产物。一旦觉醒获得深化，我们的消极反应就会越来越快地退却。也许我们依然会对孩子大吼大叫，但时间却从10分钟变成了8分钟。这是因为在吼叫的过程中，我们也突然意识到，这样的行为是多么地不觉醒。也许我们还会为孩子所做的一些事焦急，但我们不再精神紧张、急火攻心，整日上演情绪化的戏码；我们能够花一两个小时让自己安静下来，摒弃消极的反应，与焦虑共处，并冷静地观察它。

有些家长告诉我，他们曾在孩子面前情绪失控，希望我作出评判或责备他们。我没有那样做，反而向他们道贺。我说："现在我们看清了你的'不觉醒'是什么样子，这是向前迈进的重要一步。"这的确是前进的重要一步，因为大多数人都不明白，他们的消极抵触和过度反应正是不觉醒的表现。能对自己有这样的认识是一个巨大的突破。

我们需要时刻释放自己的不觉醒，毫不含糊地接受这一点是至关重要的。觉醒的父母懂得如何利用自己的不觉醒，使它们最终成为医治心病的良方。他们懂得如何识别自己的消极反应，即便是在事后；他们不会惧怕直面自己的不觉醒。他们会在心里默念："如果我受了刺激或泥足深陷，抑或被某种自负感羁绊，那么我可以把这些经验转化为有益的参照或帮助我的孩子转变。"

身为父母,我们总是凭借自己的本能、盲目地对孩子的言行作出反应,而不是先冷静一阵再选定最恰当的应对措施。往往还没等自己明白过来,我们就已将冲突升级了,不知不觉就在自己和孩子之间造成了负面循环。

我在工作中接触过一名单身父亲彼得,他曾同15岁的儿子安德鲁有过一段极难相处的时光。当时,这对父子的关系陷入了失调状态。安德鲁的表现是典型的青春期叛逆症:疏远父亲,只喜欢同朋友出去晃荡,上网聊天直到深夜,不做功课,功课不及格,吸大麻。

彼得对此大为恼火。在安德鲁更小的时候,他们的关系很亲密;然而最近几年,他们之间的交流只剩下了激烈的争吵。安德鲁一度要求搬到另一个州的祖父母家去住,但彼得不允许,因为他的父母年纪大了。日复一日,父子二人为了家庭事务和安德鲁的功课争吵不休。安德鲁每每谎称功课都做完了,其实他连碰也没碰过。

在一个格外不安的夜晚,彼得怒不可遏。他威胁说再也不同儿子说一句话了,随后便冲出了家门。当时,他躁怒地绕着自家的房子走着,并打电话给我:"我没辙了。这孩子完全不把我放在眼里,不尊重我的言行。瞧瞧,我什么事都替他着想,他对我却只有厌恶和挑衅。他丝毫不愿改善我们之间的关系,我再也受不了他这样对我了。如果他不想做我的儿子,那就随他去。我将停止一切努力,我也可以像他那样什么都不在乎。从今往后,我再也不会像从前那样体贴耐心了,我不干了。"

彼得没有察觉自己正处于一种消极抵触的状态,他变得更加焦躁不安。当我们结束通话后,他直奔安德鲁的房间,一把拔掉电脑插头,将电脑摔在地上。安德鲁表示抗议,彼得打了他的脸,并说自己简直后悔把他生出来。

彼得的经历是无数青春期孩子的父母都曾遭遇过的。也许在当时的情况下,父母做出这样的举动情有可原。可是别忘了,冲突的种子其实在多年以前就埋下了。最初,父子二人只是存在意见的冲突;后来,父亲的掌控欲升级了，演变成了父子关系的一道创伤。

情绪的波澜、对儿子动机的主观判断，以及对自己权力的缺失感，这一切让彼得深深困扰，终于借着一个导火线爆发了。出于自身的权力或控制欲，我们爆发了出来。我们事先没有问过自己："我的孩子需要些什么？哪些是迄今为止我还没能给予他的？"这位父亲长久以来都没有倾听过儿子的心声，所以不知道孩子真正需要的是什么。

安德鲁有可能使彼得想起了自己的童年，看到了自己多年努力却无法克服的不足。也许彼得太执著于自己的控制欲，所以儿子一旦同他的期望有所偏离，他就不能忍受。也许他是个完美主义者，所以不能容忍安德鲁的缺点。也许他发现安德鲁是自己身为人父的一面镜子，让他想起多年前与安德鲁的母亲离婚，所以心怀愧疚。无论潜藏着什么样的动机，彼得显然认为这一切都是针对他自己的，于是作出了自负感驱使下的举动。安德鲁同其他孩子一样，不费力地继承了父亲的问题——同真实的自我失去了联系。

彼得对儿子的言行作了许多解释，但所有的解释都是主观的。其中包括："我儿子不在乎我的感受。""我儿子不尊重我。""我儿子存心挑衅。"这些都无益于提升彼得和安德鲁的精神状态，然而我们对不良状况的反应往往都是如此。

如果我们带着抵触情绪主观地解释他人的行为，就很可能陷入气恼之中而无法自拔。如果我们平和客观地解释事物，就不会遭受负面情绪的困扰。彼得的解释缺乏客观，对儿子行为的关注也缺乏公允的态度。他对儿子的解读完全不包括："我儿子在遭受痛苦，需要帮助。""我儿子其实是在呼喊求助，只是不知道该怎么表达。"或"我儿子正在经历身份感的疑惑，此时他需要我的耐心帮助以渡过难关。"相反，彼得的解释使他对儿子的行为产生了强烈的抗拒心理，从而无法抓住本质、就事论事地去应对。如果我们能抓住本质应对问题，那么不仅会带来接纳心，而且会真切地对个体的生命历程产生尊敬之心。

对他人言行的解释发生在一瞬间，那一刻我们会决定某件事是否同我们的自负感相一致。只要生活能满足我们的自负感，一切就都没有问题了。而一旦事情不合己意，自负感受到深层的挑战，我们就没法泰然自若了。所有的问题都涉及我们对事物的解释。在内心深处，我们都有可能对周围的事物作出主观的、抵触的解释。最糟糕的副产品就是，孩子会认为我们的情绪是他们造成的，因此他们会产生负疚感，甚至会感到自己没有价值。接下来，他们会对我们消极地抵触。有一点很关键，我们得认识到，这个公式的源头来自我们对他们行为的解读。

我们的孩子并不**打算**刺激我们，他们只是表现出了真实的自我。在任何一种人际关系中，某一方受到刺激而发作是很自然的事，所以不要责怪自己或他人。然而，我们有责任检查自己的不觉醒，从而阻断这种消极反应。我们之所以会进入盲目的不觉醒状态，是因为我们没有控制好情绪，于是在应对孩子的问题时也变得像个孩子。

受刺激而发作的现象同我们在生活中的角色扮演息息相关。比如，也许我们会告诉自己："我应当享有更多尊敬。"如果我们将孩子的行为解读为不敬，我们就有名正言顺的理由发作一番了。那些对我们表现不敬的人立即会招致我们自恋式的愤怒。我们会对自己说："我比他认为的强多了，这家伙怎么敢这样对待我？"

要是我们能理解自我解读具有多么大的力量就好了。

想知道我们的观点可能扭曲到什么程度吗？看看下面这个例子吧。一位年轻美丽的妇人15年来一直远离家人。最后，家人决定安排一次聚会。在聚会的前夜，这个妇人做了一个生动鲜活的梦，梦见家人正在进行一场决斗，这显然把她吓坏了。在决斗过程中，她缓缓地靠近。突然，她意识到他们都没有拿刀剑。"哦，"她想，"他们不是在决斗，而是在跳舞！"从梦中醒来，她意识到原来自己一直渴望着和解。那一刻，她发觉如何解读现实其实可以由自己选择。家庭团聚成了关键的契机，她可以借此医治自己的精神世界。

第5章
孩子"带我们长大"了吗？

自负感作祟的第一个诱因是：我们用主观、抵触的心理去解读一件事。拿孩子来说，一旦他们"不按计划"行事，我们首先作出的解读是：他们错了，他们之所以这样做是因为忽视我们的权威。但我们却看不到，恰恰是我们的解读导致了事情的不和谐发展；我们也看不到，事实上是我们自己感受到了某种威胁。

我们之所以会身陷此类冲突之中，是因为我们拒绝面对真实的现实。我们把过去经历的阴影投射到当前的情境中，导致内心生出巨大的焦虑和恶性的恐惧。在这种疯狂的状态下，我们会忙不迭地作出评判。因为我们想要安慰自己，让自己觉得好歹还能做些什么，殊不知在此情形下作出的决断只会损害所有的人。因此，由于弄不清狂躁和"有针对性"之间的区别，我们制造了许多不必要的戏剧冲突。

再回头看看彼得和安德鲁的例子。对于儿子的叛逆，彼得如果能认清其本质，那会是什么结果呢？如果他不对儿子的行为作任何判断和解读——最关键的一点是让自己置身事外——就能化解僵局，获得更多的内心空间，在应对儿子的时候也会更加灵活而有创造性。当我们腾出内心空间的时候，就能发现鼓励孩子的新方法；比起以往的"战斗"，它们会带来耳目一新的感觉。需要"做点什么"的想法，把我们同创造力割裂开来。结果，生活就变成了父母同孩子之间的对垒，这是自负感作祟的产物。

只有在面对现实的状态下，我们才能开放、坦然地处理生活中的各种状况。一旦冲破了沉闷的主观判断，我们就能够就事论事地判断事物，而不再依靠不觉醒的臆测。我们越是客观地接受现实的本来面目，少将自己遇到的事情归结为"善与恶"，就越不会去事事解读、事事担心。如此一来，孩子即使发脾气，我们也不会由于受刺激而发作；即使我们纠正他们的行为，也不至于将自己以往的愧疚、恐惧、不信任宣泄给他们。

当我们允许周围的每一个人都抱有各自的情绪，而且能做到同他人的情绪和平共处，也就实现了对情感、情绪的接纳。因为我们已经明白，情绪仅仅是情绪而已。这样我们就看清了生命光谱中的每一种颜色。我们身

在其中,再也不需要狭隘地规定哪些是"好的"、哪些是"坏的",或者哪些是"我"、哪些是相对立的"你"。生活太丰富也太复杂,所以很难套用那些条条框框。人本身也是复杂难测的。

如何驯服自身的焦虑?

在彼得的案例里,我们看到他进入了一个焦虑而紧张的状态。他从心底感到紧张,认为儿子会找他的茬儿,害得自己变得好斗起来。当我们内心作出主观的判断时,相对的反应就是焦虑。要想使长幼关系永葆新鲜,认清自己何时焦虑以及在什么情况下产生焦虑,是最为重要的一件事。

当我们身处焦虑之中时,内心深处的一些东西会受到刺激。如果我们时刻保持警觉,就会问自己:"此刻我为什么会一触即发?"问完之后,我们要让自己保持一种开放的状态,注意不要让自己的焦虑影响到他人。焦虑往往来自内心某些没有解决的问题,无论当下有没有诱发的事件或人物,这些问题始终存在。也许某些情况不会刺激到我们,但另一些情况则会刺激我们发作。

焦虑是一种无可回避的自然的情绪。与其把它看作是需要加以控制的东西,还不如把它作为一项自然属性予以接受,并且安静地观察它。允许情绪的产生,与之和平共处,是此次历程中核心的实践活动。如果我们不学着观察它,就会承受不住内心的负荷,继而盲目应对起来。接下来,我们就很可能牵扯上他人,让大家都经历消极甚至是躁动的反应,或者走向另一个极端——让大家都遭受抑郁之苦。无论哪一种可能都会造成原本不必要的负面影响。只有获得觉醒,我们才能不受焦虑的折磨,也不会迁怒于他人。

生命本身是朴素而简单的。无论我们打算如何打理它,它都具有一种超越逻辑和条理的自然力量。在大海中游泳时,我们只能任凭水流推动自己的身体,而不会提出抗议:"这波浪好大胆!它不该翻滚得这么高。"我

第 5 章
孩子"带我们长大"了吗?

们理所当然地认为自己无法支配大海。事实上,无法预测的海浪会让我们感到兴奋。既然如此,为何我们对生活中的人际关系或其他事情就不能泰然处之呢?生活不是板上钉钉般好或坏,而是像海浪一样自来自去。如果真的热爱生活,那就接受它的本来面目。如果我们能与生命的本真状态和谐共存,那就会像对待海浪一样对待自己心中的焦虑。只有当我们消极反应的时候,海浪才会变成海啸。

彼得的焦虑造成了自己同儿子日复一日的对立。这样的对立演变为斗争,最后的结果令人遗憾,但却是完全可以避免的。如果彼得能客观地接受安德鲁,顺其自然地寻找同儿子的契合点,那么安德鲁的反应将会是另外一番样子。那将会使彼得处在一个有利的境地去施加一些影响,也许就可以缓和他的一些负面行为。然而,他却把安德鲁逼到了没有选择的死角里,最终只能激烈抵抗。

如果我们抱有抵触的、不觉醒的状态,那谁也成不了赢家。我们的不少痛苦都是"自找"的。除非我们打破自己消极解读的心理,否则将一次又一次地陷入负面情绪之中。

好消息是,生活本身就是一位优雅的旅伴,她会在我们走向觉醒的途中随时伸出接纳之手,在各个层面上帮助我们。我们只需敞开怀抱接受便是。何况我们的孩子具有无限的可塑性,他们将是我们重要的旅伴。这条觉醒之路纵然充满艰辛,但我们并不孤单,因为旅伴们会一路相随。明白了这一点,我们就会毫不犹豫地走上这条路,义无反顾,并坚信一切终将会为我们和孩子带来积极的帮助。

第6章
生活的智慧

如果我们接纳孩子,将他们视作生活传递给我们的讯息,就会带着虚心和感激向他们学习。

如果父母对生活抱有基本的尊敬与信任,就会毫无保留地信赖自己的孩子。

父母应当引导孩子心平气和地对待生活,将其中的"好"与"坏"都看成是自我提升的机遇。

　　当我们为他人服务的时候，其实也是服务于自己的内心。我们给予他人最好的馈赠，就是进入自己的内心，让它充实饱满。

第6章
生活的智慧

身为父母,要想认清自己,并在教养方式上改弦更张,我们就得理解一件事:如何应对生活中的种种状况体现了我们的世界观。

问问自己:当生活不合己意的时候,我会怎样应对?我会立即自我批评:"一定是我的错?!"还是会站在对立面宣称:"我理应得到更好的,这种事怎么会发生在我身上?!"我又是否会对自己说:"我很不幸,生活是如此不公!"这些反应说明,我们的世界观建立在**外在世界**的基础上;也就是说,令人费解的事物释放出的不可控力量左右着我们的人生。

我们之所以会认为自己"幸运"或"不幸",是因为我们没有接受过训练,不能把生活看作是寻求真我旅程中的一个精神伙伴。然而,如果我们能在生活的催迫下向自己内心探求有关情感的教益,那我们遭遇的一切都会显出意义。如果用这样的心态去看待和应对一切,我们就会发现世上不存在"好运"或"不幸",生活中的一切境遇都是在为精神的进化提供条件。明白了这一点,我们就不会再抗拒那些自己原以为不好的事情,也不会再格外祈求那些自认为有利的事情。如果我们将经历的一切都看作是一种潜在的向导,那么就该接纳生活中遭遇的一切。这样我们既不会在生活出现挑战时挣扎抗拒,也不会在生活善待我们时过分贪恋。相反,我们会把黑暗与光明的遭际都看作是通向觉醒的机遇。

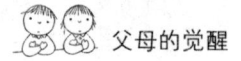

生活本身给予我们的教诲

我们是相信生活本质上是美好的,还是相信生活处处与我们为敌?这取决于我们成长的历程。不过,很少有人会在成长过程中意识到,生活的本质是有智慧的。

生活是一位智慧的导师,它乐于向我们展示更高层次的自我,还能对我们的生活方式和教养之道产生革命性的影响。为了理解这一点,我们就得相信,自己身上更高层的智慧会在必要的条件下帮助自己。我们也要相信,生活是值得信赖的,它能引领我们同更深层次的自我获得联系。我们也得知道,生活的美好是固然的,它能反映我们内心的美好。凭借这样的态度,我们将认识到自己同生活中的种种事物是相互联系的。因此,我们同自己所处的生活共同创造了属于我们的现实。我们不是被动地接受生活,而是在互动中接受生活的经历。

至于我们的孩子,他们的行为都不是凭空而来的,而是对我们释放出的能量回馈。这意味着我们对孩子的反应享有相当的主动权。我们很容易教他们对生活作出负面的评价,却很少教他们去体验现实的本来面目。事实上,我们如何对待自己的生活,孩子就会学着如何对待他们的生活。当孩子总是看见我们对现实消极反应或焦虑不安,他们也会产生类似的反应,被焦虑缠绕。当他们看见我们对事物妄加判断、乱贴标签,他们也会亦步亦趋。反之,如果孩子看见我们顺其自然、心态平和,他们在生活中也会从容自若,建立起对生活的信任,并在此基础上优雅平易地应对世事。这就等于教给孩子:从一切现实事物中汲取智慧,不必将生命中的某些事视为"好"或"坏"。

生活是要去**体验**的,而不是用来战斗和逃避的,更不容许我们三心二意。尽管我们有意改变未来,但若想觉醒地生活,就得随着生活的展开去体验当下,而不是总想着改变它。把握好生活中的所有经验,当下一次经历到来的时候,我们就有能力提升它的质量。

第 6 章
生活的智慧

当我们接纳生活并将它当作智慧导师的时候，我们就敢于把自己完全托付给它，而不作评判、裁决、分析。不要认为生活会构成威胁，这样我们就能把自己投入到生命的洪流之中。当我们真切地感受到了生命中的每一次经历，接下来试着不要沉溺于经验，而是释放自己，投入下一次体验；如此我们便将心灵的力量释放了出来，而不是将其浪费在消极的抵抗之中。这种心灵的力量就可以保留下来应用到情感关系的经营中去，尤其是在同孩子的关系中。当我们的孩子也学会去不着痕迹地体验自己的经历，他们就能顺其自然地生活。他们享受着生活中最简单的快乐，完全地活在当下，接受生活的馈赠。

于是，为了让我的女儿学会享受当下的体验，而不是对生活产生反感，我就得对她诚实地表达自己的感受。如果我恼怒，我就说："我现在要发怒了。"事实上，这就是我此刻的情绪状态，我是可以**允许**自己有情绪的，只要不迁怒他人即可。因此，我**坦承**自己的情绪，不与之**抗拒**，不被情绪牵着走。相反，我坦然接受自己所有的感觉和情绪。一旦这样做了，我发觉自己进入了一种全盘接纳与包容的状态。同样，塞车的时候，我就说："我们遇到塞车了。"我避免把它们归类为"好事"或"坏事"，也避免把当前的经历与过去的经验纠缠在一起，更不会把当下带入未来。关键在于，不要让现实在我们的意愿面前遭到扭曲。

当我们的自我认识越深化，我们的内心世界就会越发宽广，足以容纳生活中的一切遭遇。

我们有可能信任生活吗？

如果我们相信生命的信使会带来讯息，揭示真实自我的秘密，那么我们就会接纳孩子，把他们当作是生命传递给我们的讯息。我们不会评判、责备、回避，哪怕他们会昭示出我们的不觉醒；相反，我们会带着虚心和感激向他们学习。

　　教会我们释放自己的自负感，拥抱本真的自我，是孩子来到世间的固有使命之一。由此，我想到了伊丽莎白和马修夫妇的例子。这对夫妇育有两个儿子，两个孩子都为伊丽莎白带来了智慧的礼物。她发现，接纳儿子最真实的自我使她获得了很大教益。

　　马修夫妇的大儿子叫戴维。他成绩优秀，为人慷慨，富有同情心，篮球也打得很出色；最重要的是，他有一颗智慧的心灵。不过，他们的幼子迪肯的情况有点儿不同。迪肯的学业算不上优秀，也不爱好体育运动，是个马虎粗心、健忘懒散的孩子。迪肯有些特立独行，他拒绝接受规则的限制，喜欢按自己的方式行事。他不在乎自己的外表、穿着，也不在乎人家怎么看待他；他拒绝参与物质世界的竞争，也没有成功的渴望。他偏爱把时间用在照顾宠物、阅读和辅助弱小儿童上。他经常考试不及格，对成绩单也无动于衷；他宣称自己要去做生态农夫，或是去第三世界国家支教。

　　如果说马修很难接受迪肯，那么更让他为难的是，如何在两个差异巨大的儿子之间找到平衡。同戴维在一起的时候，他会感到自豪；但对于迪肯，他却替他羞愧，甚至嫌弃和讨厌他。他对两个孩子的评判完全是基于自负感，而不能从现实中收获教益。

　　不过，伊丽莎白的反应不同，她完全"有觉察"。她发现戴维成全了她的自负感，而迪肯却解构了这种自负。"想象一下，如果我只有戴维一个孩子，我的自负感将是多么不可收拾。"她向我坦陈道，"感谢老天给了我迪肯，让我能对非传统和有差异的事物给予更多包容。"

孩子无需赢取我们的信任

　　因为很少有人对生活的智慧抱有信任，于是很容易将自己的不信任投射到孩子身上。结果，在当今的社会里，人们认为信任是要去赢取的。

　　我相信，孩子不仅无需赢取我们的信任，还需要明白，我们对他们的信任是理所当然的，因为他们从根本上就是值得信赖的。当他们来到世

第6章
生活的智慧

上,就已经享有了被信任的权利。如果我们要求孩子必须有所作为才能获得信任,这就反映出了一种不安全感,说明我们这些家长渴望权力,心里充满恐惧和自负。

要想彻底信任孩子,父母就需要对生活抱有基本的尊敬和信任。我们自己对事物怀有多少相信和敬畏,孩子也就相应地获得多少信任。如果我们从心底认为生活是有智慧的,那么它所表现出来的一切也都应该是美好的,我们眼里的孩子也是一样地美好。我们认定,所有错误的出发点是纯粹干净的。如果能做到这一点,我们哪里还会对孩子有半点儿不信任呢?相反,如果我们心存焦虑与怀疑,不知道自己是否有能力将生活中的挣扎转化为精神财富;那么不论我们如何安慰孩子,告诉他们一切都会好的,结果都只能适得其反。

作为父母,我们对信任和不信任的表达是微妙的。我们对孩子提出的问题、向他们传授的知识、对他们提出的忠告……所有这些都有可能传递出信任或不信任的讯息。例如,当我们反复询问孩子的情况时,其实是认定他们一定遭遇了什么状况。此时,我们很不恰当地向孩子传递了自己的焦虑感和对生活的不信任。反复查看孩子的情况,随时了解他们对万事万物的看法,或者时刻监督他们……这些做法都会表现出我们的不安全感,从而损害孩子最基本的自信。我们越是减少对他们的监督查问,就越是等于在向他们表达:爸爸妈妈完全相信你们照顾自己的能力。而且,如果他们需要帮助,自己也会提出来的。

如果我们越俎代庖地为孩子作决定,不让他们自己规划蓝图,就等于向他们宣示我们的权威;结果只能让他们感到自己很没用,对自己产生不信任感。相反,如果我们启发并尊重孩子的创意,纵然他们的计划与我们的不一致,我们也能传递出一种深切的对他们能力的信任。如果我们对孩子的意见和选择怀有深切的尊重,他们是能够感受到的。我们得明白,虽然他们还是小孩子,但对他们提出的有价值的意见,我们也应该予以重视。如果孩子看到自己的存在是有意义的,对我们是重要的,那么他们就

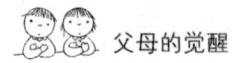

会对自己的心声产生自信。

每当我们鼓励孩子大胆表达自己的意见时,都是在提升他们的信任感。当我们说:"我很欣赏你的思想。"然后鼓励他们:"我相信你会做好的。"他们就会学着相信自己。如果孩子作了不明智的决定,我们也不应削弱对他们的信任,而应该用实事求是的态度对他们说:"决定是你自己作的,现在要从中汲取教训。"如此,沟通当中也就不会掺杂不信任了。

我向女儿保证:"无论将来你遭遇什么,都会做得很好的,因为你本来就是好样的。"总之,我对生活抱有一种信心,相信它自会提升我们的精神。当我们把生活看作是觉醒的孵化器,还有什么是我们不能信任的呢?

一旦孩子感受到我们对他们的尊重,他们就会获得激励,焕发出巨大的力量。他们感到自己是值得信赖的,这是一件意义重大的事情。他们自然而然会好好表现,不辜负我们的信任。

如何解读自身面临的种种处境?

生活本身无所谓好与坏,它是中性的。但是,我们每个人都有力量选择一种方式去解读自己的生活,这种方式极大地影响着生活经历的性质。

在获得觉醒之前,我们对每一种事物的解读都不自觉地来自固有的习惯模式。我们根据各自的**感知**而不是客观现实给周围的世界贴上各种标签。例如,如果我们感到痛,就会给现实贴上"坏"的标签。如此一来,关于如何感受痛苦,我们就有了主观选择——对待悲哀、气恼、失落、失宠等情形也都是如此。我们如何选择取决于童年以来的各种经历。

如果世界观告诉我们,展现在我们面前的生活同生活的本来面目没什么不同,生活本身具有转变一个人的力量,那么我们就不会再逃避自己的经历了。相反,我们乐于接受它们,我们会从内心深处认为这些经历正是开发精神世界的有益教训。

如果人们听说自己所经历的事可能成为生命中的负面经验,通常会感

第 6 章
生活的智慧

到气恼："这是不是说我在自己体内埋下了病根，或是为我的孩子埋下了负面的种子？难道我要为地震和经济危机负责吗？我怎么能对一些随机发生的事负责呢？"很多人都会为此感到困惑。

在我自己的例子里，我的困惑消除了，因为我认识到，世事可以分为两类情况：个人的和非个人的。个人的情况包括婚姻、为人父母、工作、友谊等。同另一个人打交道的过程显然是同他人一道营造现实的过程。个人的经历还包括我们的饮食习惯、体育锻炼的项目、为人的态度、生活的动力等。尽管我们有可能生活在错觉里，认为事情就"那样发生了"，但事实上正是我们的活动创造了属于自己的现实。

非个人的情况则有所不同。我认为这一类事件包括经济环境、老板的坏心情、邻居的犬吠、责任不在自己的交通事故或洪水、飓风之类。这样的事件似乎是随机和不可预测的，一瞬间就有可能降临到我们头上，显然也由不得我们同意或不同意。

如果我们回避生活固有的狂热无理性，甚至奢望一切不如意的事都会奇迹般地远离我们，那么纵然不感到失望，也会感到挫败。这样的事情发生后，如何应对就成了关键。在这些事情上，我们需要表现出决断，作出妥协。

有时候，生活会变得贫乏，让人难以忍受，常常会引起我们的厌恶，并由此带来一种放弃的态度。但是，生活中的随机事件不应该成为自暴自弃的理由。如果我们抱着失败主义的态度看待生活，认为世事无法掌控，结果将毫无益处。

虽然我们总是想知道什么时候会遭到极端事件的侵袭，但生活的变幻无常并不是人们偏执、妄想的原因。相反，我们应该接受现实中的每一刻，并且乐在其中。接受现实并不等于做一个逆来顺受、无所作为的失败者，而是应该充满活力地接受生活的本质。要想做到这一点，就需要对眼前的一切事物抱有觉醒的态度，然后选择正确的应对方式。只有那样我们才能用自己的觉醒去积极地影响周围的环境。

觉醒地生活意味着在身体健康和精力充沛的条件下舞蹈，同时也作好在舞台上跌倒的准备。这是一种时刻存在的动态现象，介于掌控全局和认输放弃之间。我们要明白，伤害固然会发生；但也要明白，我们有能力选择如何应对。我们虽然不得不屈从于生活中那些难以预料甚至是残酷的事件，但却有能力选择是否做一个受害者。

我们都想知道为什么有些事会发生在自己身上，好像一旦知道了原因，我们就能获得更多安全感一样。我们都会咽下苦酒，因为我们不知道"为什么"。我们可以假想某些事是因缘注定，或者也可以将其归结为偶然。事实上，我们有可能永远也不知道事情发生的原因，哪怕那原因确实存在。

尽管我们可能说不出事情的原因，但也能讲出些道理来，最终找到一些相关的因素，而不仅仅将其概括为个人遭遇。例如，我们也许会问："我现在的处境对我的成长有什么帮助？我在抗拒什么？为了成长，我需要屈服于什么？我生命中的这场变故对我自己和他人有什么意义？"这些问题饱含力量，能够将"坏事"转化为有益于成长的经验。因为我们往往会把一些情感的财富深深地埋藏起来，所以，提出这些问题可以使我们变被动为主动。这一类问题能赋予我们力量，让我们超越那种受害者的心态。

提出什么样的问题，决定了你是个受害者还是幸存者。受害者只会问："为什么生活让我如此不幸？"幸存者则会问："我怎样利用这些不幸获得更好的发展？"问题的关键在于，我们的立身处世不能被生活的遭遇限制。我们得明白，决定命运的关键在于我们到底是积极应对还是消极反应。

我们可以从不觉醒中挣脱出来

有一种有益的手段可以用来审视我们的思想和情感。写日记可以帮助我们认清自己内心的变化，以及我们是如何对事物作出不恰当的解读的，因为它可以在我们的内在本质同思想活动之间营造出一段距离。

第6章
生活的智慧

要想使日记行之有效，采用一种"自动"的撰写方法应该是较为有益的：书写的时候不要预先设想，只管将当时流淌出的意识记录下来。每天腾出些时间，自由地、联想式地撰写。

这样的写作能够消除我们心头的自负感。看着自己的念头跃然纸上，我们就容易将自己的身份同思想分割开来。我们会意识到："这些仅仅是想法。"由于它们仅仅是想法，所以我们就不会将其当作是包袱。通过每天认真地撰写日记，我们会容许自己的思想与情绪和谐共存，不会作不必要的妄想，也不会滋生过多的情绪。我们也就能够渐渐触及想法与情绪下面的本质，那才是我们的真实自我隐藏之处。

觉醒程度的提升还可以通过静坐、独处来实现：每天安排一段时间，闭上眼睛，意念集中在自己的呼吸上。你需要做的仅仅是专注于吸气、呼气，也就是关注空气出入鼻孔和胸腔的感觉。专注于自己的呼吸，能使我们专注于当下的时光和此刻所处的地方。我们会发现，自己的想法与情绪就如同呼吸一样在流动着。我们会认识到，它们**仅仅**是想法与情绪而已。由于想法与情绪在本质上不是永恒不变的，所以我们不必把它们长久地放在心上，它们并不能代表我们的身份。这个简单的练习为我们的想法与情绪留出了一块小小的空间，我们可以借此摆脱压抑，实现自由的释放。伴随着自己的想法与情绪，我们静静地坐着，不带有任何消极反应，也不需要将它们宣泄到现实中。通过这种方式，我们为自己和他人带来了解脱，使大家都不再为过去的遭遇而纠结。

这对我们的孩子有何影响？设想一下身为父母的你，脑中闪出一个念头："孩子不听我的话。"或者感到："我没有受到尊重。"此时请不要想："我的孩子不恭敬。"或"我是个没用的家长。"请先带着这些想法和情绪坐下来，问问自己："我为什么会被激怒？"也许我们会发现，这些想法源于我们自己，同为人父母之道并无联系，而孩子只是偶然触发了这些情绪。也许我们会发现，孩子激发出来的无助感与无力感源于我们的童年。意识到了这一点，我们就不会在孩子面前把这些感觉与情绪表现出来，而是会从更加公允的角度作出回应。即使孩子需要被纠正,我们所采取的方式也不会那么盲目和主观。

如果我们能做到有情绪却不立即发作,就能给孩子作出示范:他们不必立即对想法与情绪作出反应;相反,他们可以让心里的变化引导他们去了解自身。一旦孩子发现,静心观察自己的想法与情绪是一件饱含力量的事情;他们内心的空间就会打开,由此就可以同自己最真实的本质获得联系。

通过观察自己想法与情绪的起落,我们继而观察着周围的世界。由此,我们可以看到现实中性的一面,从而作出客观的应对。说到底,现实是中性的,我们对它的解读是随心所欲的。

当我们关注着自己的呼吸时,我们会问自己:"什么样的现实是我愿意接受或为之屈从的呢?"当我们行动之前,检查内心的晴雨表时,就会令自己走向一种觉醒的境地。我们允许现实展示出真面目,因为我们再也不会用自己的"我"去干扰现实。在这种状态下,我们就可以自由地体验人生。

当我们无法应对生活的本来面目时,很可能会作出伤害别人的举动,比如失控或发怒;也有可能作出自暴自弃的行为,比如暴饮暴食、超负荷工作、过度运动、酗酒、药物依赖……在上述情况下,我们往往期待着事物自行朝着"应该"的状态去变化。

在学习如何应对生活本来面目的过程中,我们可以利用生活中那些最普通的瞬间,向孩子展示如何摆脱自负感。例如,当我们不小心摔碎了一个鸡蛋,我们可以说:"啊,鸡蛋破了。我知道是我不小心。"当我们碰到塞车,不要抱怨,而改说:"这种事总是难免的,我们也没办法。不如趁这个功夫做游戏、唱首歌,或休息一下。"如此一来,我们的孩子也能学会不被生活中的困难吓倒。他们会发现,自己不但可以安然面对生活中的烦恼意外,而且还能乐在其中。

既然说到这里,我想明确一点——正如我此前强调过的——我对生活的态度,不是一味地"我很快乐",现实也并非如此。我所说的是接纳某种处境,接受真实状况。随后,我们才能因势利导,使所有人受益。

事实上,生活的确会使我们陷入一些不公平的处境之中。举一个我自己的例子。有一天,我带着3岁的女儿去看医生,约定的时间是早晨7点半。结果,医生姗姗来迟,我们不得不等了两个半小时——对一个3岁的孩子来说,这段时间太漫长了。当时,我提出了意见。大夫诚恳地道歉,并且保证下不为例。我的女儿由此观察到了我表露感情的状态,这是一件有益的事。

在中性的状态下进行应对,并不一定意味着我们的应对本身也是客观的。相反,我们的应对既客观又有针对性,并不曾受到过去成见的左右。因此,一旦我们解决了当时当地的情绪,事情也就变得不难解决了。那么,我们怎么决定何时该畅所欲言,何时不该呢?这取决于我们的出发点。也就是说,我们到底是受到不觉醒状态下的自负感支配以致从以往的经验出发,还是针对当下情况作出的真实反应?

当我对医生提出意见时,并非受到过去成见的影响,而是针对当时情况作出的反应——他的行为对我们不公平。我对自己的表现比较满意,因为我当时既不盲目,也不带成见,所以能够平静而又坚定地提出意见。我既没有感到受伤,也没有伤害他人的动机。一旦表达了自己的意见,我立即就能放下这件事。如果我们在冲动之下试图改变他人的想法,或任凭他人刺激我们的情绪以致失控,那我们就失去了觉醒。

学会超脱于想法与情绪之外,进而超脱于外界环境,可能会令人有些不安。我们会琢磨:"这是否意味着我不再爱别人了?是否说明我对其他事情都漠不关心?我会不会变得冷漠无情?"当我们发现自己缺少了一些戏剧化的情感冲突,起初会感到些许不安。要想安于这种新的心理状态,安于没有戏剧冲突的生活,我们就需要经历一段显得有些空洞的生活。这是因为我们会感到自己同真实世界缺失了某种联系。过不了多久,我们就会发现自己什么也没有丢失;相反,我们同现实世界的联系加强了。

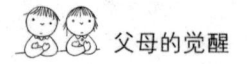

当孩子发现我们身上少了些情绪冲突,他们也会作出适当的调整。他们会从中发现,情绪和想法就仅仅是情绪和想法而已。

一切都包含在我们的解读之中

让我和你分享一个例子吧,它告诉我们,对经验的不同认识能够造就不同的世界。格雷格16岁,身受孤独症的困扰,还伴随着剧烈发作的恐慌症和妄想症。一次次发病让他倍感焦虑,对他人极度不信任,不是表现得过分外露,就是过分内敛。结果,他很难同伙伴相处,甚至连出门都感到困难。带他出门要大费一番周折,因为他随时随地都有可能发作,然而把他独自留在家里也不是个办法。如果碰上个合适的日子,他也许会表现得很开心、随和、放松,然而这样的日子为数很少。

罗纳德和芭芭拉是格雷格的父母,他们是我见到的最具奉献精神的家长。为了格雷格,他们的全部生活和工作都改变了。尽管24小时守着格雷格,然而在两年时间里,我从未见过他们丧失耐心或表现出挫败感。我问罗纳德:"你怎么能做到这么有耐心、肯奉献?难道你从来不想抱怨或大喊一声'这不公平'?"他望着我不解地问:"不公平?你是说格雷格的状况吗?他是我的儿子,我完全接受这一点。如果他有困难,我就得更加耐心;如果他害怕,我就得更加温柔;如果他焦虑,我就得更加体贴。他需要什么,我就给他提供什么,因为这是我分内的事情。"

这个男人安之若素地接受了自己的命运。然而,他丝毫没有扮演受难者的角色;他所作出的抉择,不仅要使自己成为幸存者,而且要在挑战面前让生命更加蓬勃。因为他完全理解了自己的角色与责任,所以他明白自己有能力去改变孩子与自己共同的命运。作为一位全情投入的当事人,他把生命看作是一场历险,不论成败如何都要勇敢面对。

生命历程中的胜利者,不会关注生活以何种方式呈现于自己面前,他们眼中只有拓展生命道路的欲望。因为接受了现实的本来面目,所以他们明白生活就像大海一样时而平静、时而汹涌，于是他们调整自己、顺水而动。他们审时度势，接受生命的"固有"安排，根据实际情况灵活应对，而不是思想僵化、墨守成规。由于未雨绸缪，他们具备了某种智慧——一个人永远也不可能真的知道"为什么"。因此，他们不会把自己的意愿投射到现实里；相反，他们在现实中学习，用学生的态度对待自己的遭遇，而不是以受难者的姿态被动承受。他们懂得，人们的智慧与勇气往往会在逆境之中闪闪发光；他们也懂得把失败当作生活中最好的老师。当我们把一切遭遇都看成是发展的机遇，那么"好"与"坏"就成了一个铜板的两面，共同构成了自我提升的动力。

当我们对生活中的遭遇产生不同的认识，并从中发掘出更深的意义，就能把整个生活看作是一位智慧的老师，即使是其中最糟糕的经历也能化为实现最高自我的动力。如此，我们最脆弱的时刻就变成了最具转变性的时刻。

如果我们把生活看作一位智慧的向导，那么每一次经历都有可能对孩子有所教益：给予、接受、谦逊、耐心、勇气、爱情。我们要做的只是拨开尘垢，把它们寻找出来。当我们引导孩子从每一次经历背后寻找情感教益的时候，都是在教他们用热情去拥抱生活。于是，他们不会再把自己视为受害者；相反，他们会获得一种使命感和责任感。

当我们遭遇逆境或情感受挫时，正好也就有机会激活自己的能力，去创造新的意义与目标。此时，我们需要提升信念，相信发生的事情对我们是有益的。无论什么处境都有可能隐藏着机会，我们可以凭借它们获得关于自身和世界的新知。当然，我们也有机会变得更耐心、更谦逊、更富同情心。因此，我们应该同自己的孩子一道探索以下问题：

这场经历是如何让你开放心胸的？

你还需要哪些条件才能接受这场经历？

你对什么事情心怀抗拒或恐惧吗？

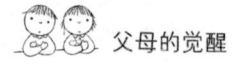

你在这场经历中能够获得什么,它们对你未来的经历又会有什么影响?

孩子不仅会看到我们怎样处理和应对生活,而且会把我们的为人处事之道看作意义丰富的参考。将来这也就会成为他们应付挑战的手段。他们会学着把自己的经历当作是朋友,并相信这些经历会引领他们接近生命的真相。

带着这样的理念去教养孩子,将会传递给他们这样的信息:生活本身富有各种形态、色彩、类型的智慧,无需惧怕,也无需抵抗。我们要引导孩子接受各种境遇,既不要抗拒,也不要斗争。如此一来,他们将会学着心平气和地创造自己的生活,把生活看作是一个成长过程中的伙伴,而不是一个敌人或征服者。

生活是我们的教师、向导和精神伙伴。我们存在的意义就是要揭示自身的不觉醒,梳理而不是躲避它们。为此,我们的过去会在当下重现。我们有多大能力摆脱过去的阴影,就能替未来争取多少自由。每一个出现在我们眼前的经历都会引导我们更深地了解自己。当现实同我们的期望不一致的时候,与其过激反应,倒不如告诉自己:"接受它,顺势而为,审视自己的期望。"我们的想法和情绪是我们内心状态的反映,它们需要我们用心去观察,而不是消极地反应。

我们会时时刻刻同自己的内心发生联系。一旦摆脱了对孤独的恐惧感,我们就有可能营造起内心的宁静。这样我们就能获得缓冲的时间,而不急于对事情进行解读,并作出反应。有时,现实给我们的教训是严酷的,然而我们依然平静地接受它们,相信它们的积极意义。我们会理解,逆境和严酷的现实是生活中固有的节目,我们可以从中受益,获得成长的参考。与其选择哪些是我们喜欢的现实,哪些是不喜欢的,倒不如将其当作智慧的向导,对其心存感激,纵然它给我们的生活带来了挑战。

当我们在别人身上看到自己的影子时会意识到,所有人都是相互联系的,而且大家都渴望建立联系。于是,我们在彼此面前谦卑起来,认识到自己不比他人更重要，也不比他人更次要。当我们为他人服务的时候，其实也是服务于自己的内心。事实上，我们给予他人最好的馈赠就是进入自己的内心，让它变得充实饱满。

我们能给予孩子最有价值的教益莫过于，生活的意义就在于展现一个觉醒的自我。要想获得满足感与成就感，最关键的一点就是接受现实——这样的教诲就是巨大的馈赠。带着这样的想法，孩子会永远把生活当作朋友；即使在处境严酷的时候，他们依然相信一切都有美好的用意。当他们发现所有的经历都会让自己获得更多觉醒，并帮助自己的成长，他们就会更加善待生活，把它视为亲密的伴侣，最终走向个人的完善和觉醒。

第 7 章
贯穿一生的挑战：幼年期与"可怕的两岁"

如果父母将孩子成长的各个阶段都视为长幼双方情感与精神发展的机遇，那么双方就能建立起精神伙伴的关系。

要想满足婴儿的需求，父母就得将以往的所有经验与记忆放在一边，投入一个纯粹而幼小的心灵世界。

父母必须允许孩子行使自己的权利，同时也必须让他们明白，言行举止不能没有限制。

在婴幼儿阶段,父母与孩子之间建立起来的联系是最深刻的。他们会相互交融,身体与心灵的节律都会向对方渗透,形成同步。

第7章
幼年期与"可怕的两岁"

在父母与孩子的"共舞"中,彼此给对方的影响是复杂的,双方的互动共同塑造了彼此的精神世界。因此,孩子经历的每个发展阶段,都为亲子双方提供了进步的空间,身为父母的我们可以通过这些途径获得更多的觉醒。

造访儿科医师的过程往往不会涉及父母和孩子内心联系的话题,他们也不可能关注我们的迫切需要。但事实上,父母意识到自己的不觉醒,这一点至关重要。因为早在孩子上学接受教育之前,父母的觉醒与否就会影响孩子的发展。更为重要的是,我们不仅希望孩子在身体发育和智力发展方面更上一层楼,也需要为他们留下精神上的里程碑。

在孩子发展的各个阶段,情感和精神的重要性往往被淡化了;因为我们更关注"现实"问题,比如他们的营养、睡眠、行为习惯等。因此,要想发现孩子成长过程中的里程碑,父母的眼睛就需要接受训练,以观察孩子的各个发展阶段,并且要超越身体和智力层面,一直深入到核心问题——孩子与父母的精神联系。

转型为父母是一个复杂的过程,这需要我们接受现实,放弃原有的身份感。要想开创新的内心空间,就需要拥抱一个新的精神世界,那么原有的生活支柱就不得不因此坍塌。原先的自我无法同为人父母的新生活共存。一旦孩子进入我们的生活,他们的影响将是永久的,我们也就需要重新拓展自我。

如果我们不仅仅用某种标准看待孩子的成长,也不把他们同其他孩子比较,而是把他们成长的各个阶段看作是长幼双方情感与精神发展的机遇;那么我们与孩子就开始建立精神伙伴的关系,彼此都会给对方提供亲切感。

我们将通过两部分内容来考察教养孩子过程中的精神建设问题。在本章中,我们将考察学龄前阶段;在下一章中,我们将讨论孩子入学后的问题。

父母在孩子幼年期所要学习的功课

我们带着平生的快乐,不知不觉就来到了生活改弦易辙的大门口。单单是改变生物节律、为孩子喂奶这一桩事,就是一个巨大的转变。原先我们只需为自己负责,如今却要为婴儿服务,为此要经历的变化远远超出我们的想象。竭尽我们全力地去爱另一个人、为他服务,这是一件令人深切感动与震惊的事。

在婴儿阶段,建设精神世界的核心问题是,父母同孩子之间形成统一和谐的联系。在这期间,父母与孩子之间建立起来的联系是最深刻的。孩子和父母会相互交融,身体与心灵的节律都会向对方渗透,形成同步。孩子的呼吸、哭喊、凝视都会同父母最初始的身心特征相融合,并最终形成新的性格。父母的心灵元素,包括梦想、恐惧、压抑、勇气等都贮存在婴儿体内,藏在他们的每一个细胞之中。一切都在孩子体内发生作用,使他们的血液为之丰富,皮肤为之润滑,肌肉为之强健。

父母大笑的样子、犹豫时的浅笑、看雨水落下或躲雨时的表情、恐惧或畏缩时的羞愧、迎接挑战的态度、犹豫紧张时的气馁,或平复幼儿情绪时的神态……所有这一切都会被婴儿看在眼里,并耳濡目染地进入他们的生命。这些将为孩子的自我感觉奠定基础,也是父母建立抚育者身份感的基础。

婴儿时期,心理的安全感和身体的舒适感是最为关键的。孩子将学会吐出最初的心声,写下最初的精神印记。父母或最初的抚养者如何应对孩子的身体需求,如何营造父子(母子)一体的感觉,这是关键的一步,它决定了长幼互动关系未来的发展。由于婴儿对自己身体能力的局限还没有意识,父母或抚育者必须守在他们身边,以便提供安全感和必要的保护。只有这样婴儿才能信赖外部世界,并建立起安全感。

在给予和获得的过程中,父母与孩子学会了以共同体的形式生活在一起,相互促进对方的成长。尽管父母在照顾婴儿的过程中,亲子关系基本是"单向"的;但在长期的抚育活动中,我们有机会进入到自己的心灵深处。抚育工作本身向我们提出要求,让我们进入自己精神的核心,了解到自己是有能力抚育和培养孩子的,即便这是一项艰巨的任务。因此,孩子让我们看到了自己的能力——为了照顾他人而超越自身的自私愿望。如此一来,婴儿就成了我们深层次人性的一种写照。

在这个阶段,我们的内心似乎在对孩子说:"我不知道你何时开始,也不知道我何时结束;日与夜混为一体,充满光彩与疲倦。我变得有弹性了,变成了橡胶,变成了蜡。我顺从你的意愿,毫无抗拒,毫无条件,就像玻璃一样透明。即使你不在我身边,我依然守护着你、想念着你。我存在的每一刻都不再与你分离。"

自我发现之旅

无论我们把教养孩子的历程想象成什么——充满了婴儿体香的玫瑰色场景,怀抱孩子时的真切欢乐,繁衍后代与创建家庭的感觉——当为人父母的现实降临的时候,我们每天都会有梦幻破灭的感觉。

因为婴儿需要 24 小时的全天候看护,所以最初几年的父母生涯虽然令人振奋却也令人疲惫，虽然引人入胜却也平凡枯燥。要满足幼儿的所有需求，我们在心理与情感上都要承载巨大的负荷，甚至可能心力交瘁、心浮气躁，尤其是在外援不足的状况下。如果我们同时还要兼顾事业，那么为人父母的担子也许会超越我们的承受力，让我们处于心理崩溃的边缘。当我们发现时间不再属于自己时，就会深切地感受到，整个生命都不再完全属于自己了。决定生活方向的是另外一个人，他的需求是更为迫切的。

关于父母同婴儿关系的最恰当描述就是：亲密而精力充沛的舞蹈。父母与孩子的灵魂在舞蹈中融合，他们的命运也汇合在一起。当我们开启了这种认识，孩子就能直抵我们的内心。我们会感受到一番强烈的情感：爱意、负疚、恐惧、心疼、迷惑、不安，以及难以置信的疲惫。以往我们从来不曾这样照顾过别人，现在却进入了新的轨道，不断地提供呵护和施予。这样的经历让我们直接面对最出色的自己与最不济的自己。我们会发现自己身上从未显露的存在——爱、施予、服务的能力，以及相应的控制欲、权力欲、审美欲和完美主义情结。

由于婴儿是活在当下的生灵，完全没有时间的概念，也没有控制的欲望；所以如果我们想和他们打交道，万不可存有下一步"应当怎样"的念头。因为对他们来说，每一刻都是崭新的，完全没有安排和预料的可能。他们可能在夜里连续几小时睡不着，接下来又沉沉睡去；刚刚还在发脾气，紧接着又笑了……在最初的 6 个月，婴儿的日常规律还没有形成，我们必须随时应付突发事件和混乱局面。婴儿时期的确是一段一切都无法预测的时期，如果勉强希望一切井然有序，那只能是徒费精神。说到底，孩子的需求是决定一切的因素，我们只是提供服务的人。

在为孩子服务的过程中，我们也在服务自身。在日常照顾婴儿的过程中，我们发现自己的内心可以无限扩展，慈悲和爱心的容量是没有极限的。由于我们还不习惯时刻生活在当下，不适应随时需要照顾他人的紧张状态，所以调整自己、使自己与婴儿同步就成了比较艰巨的任务。由于我们习惯了关注自己的需求，所以随时照顾幼儿的状态可能是让人恐慌的。

第7章
贯穿一生的挑战：幼年期与"可怕的两岁"

那些鼓起勇气迎接挑战的人将会发现，放弃自负感会为他们带来一个机会，接触到"无我"的境界。一旦孩子带着我们超越了狭隘的自我，我们会惊讶地发现一个**无私忘我**的世界。

在孩子的婴儿阶段，父母的无私胸怀是尤为紧要的。因为对婴儿来说，父母的眼神是他们内心体验的唯一反馈。设想一下，当孩子感到不安时，如果母亲不作适当的安抚，反而大笑或生气，那就会对孩子造成严重的困扰，他心里的反应肯定是不和谐的。如果父母能给予孩子温柔的抚慰和亲切的拥抱，他就会获得情感的支持，渐渐平复下来。通过父母的反馈，孩子获得了安全感。

由于抱着固有的成见，我们往往无法用真实的态度面对婴儿。也许是因为我们对自身的问题太在意了，以致不能同孩子一起真正地活在当下。例如，如果我们为了某件事悲伤，就无法对开心的事作出反应。此时，我们也许会问："如果我的心情大起大落，又怎能抚慰我的孩子？如果我心里在流泪，该如何对孩子微笑呢？当我心里颤抖的时候，又怎能安抚孩子的恐惧呢？当我感到失落时，又如何帮孩子找到归属感呢？"身为父母，我们注定会遭遇这样的时刻。抚养幼儿需要我们把自己内心的颤抖、创伤、痛苦暂时放在一边，全心关注孩子的需求。此时此刻，摆脱痛苦的办法就是**穿越**痛苦。我们只需允许痛苦存在，并尽最大努力**与之共存**。

觉醒的教养方法并不是"无所不能"的灵丹妙药，它的关键之处在于共同进步、共同成长。孩子的宽容心是巨大的。当我们暴露出自身的缺陷时，他们绝不会因此受到什么不可修复的伤害。相反，我们如果能接受自己的缺陷，他们也能由此学会接纳自身的缺陷。

当我们为孩子服务的时候，我们会敬畏他们的尊严，并把他们当成我们的精神伙伴。那时，我们就进入了一种慈爱而感恩的状态。我们回馈是因为我们得到的已经很多。如此一来，我们就建立起了一种持久的亲密关系，获得了精神上的重生。

 父母的觉醒

重新发现自身节律的机会

当婴儿饥渴、哭泣或需要换衣服、想要玩耍、希望睡觉的时候，我们必须随叫随到。这可能是富有挑战的使命，尤其是当我们已经习惯于原有的生活和社交方式的时候。然而，婴儿是完全不同的；在他们的世界里，没有巧言令色，没有故作聪明，也没有逢场作戏。

由于婴儿的行为不拘于惯常的语言和智力系统，他们的状态处于睡梦和清醒之间，所以无论如何我们都不能用传统的方式与之交流。这样我们面临的挑战就更艰巨了。为了应对挑战，我们需要将以往的所有经验和记忆放在一边，进入一个纯粹的幼小的心灵世界。

婴儿能把我们带入一种久违的生活节奏之中。要想同孩子融为一体，我们就需要经历一个"慢动作"的过程。抚养孩子的时候，哄他们睡觉的时候，为他们换尿布的时候，我们必须稳住自己的心神，做到不疾不徐。在这个阶段，我们不需要关注效率问题。孩子的发育要求我们抛开一切杂念，将过去、未来同眼前的一刻隔离开，仅仅关注**当前的一刻**。宝宝会对我们说："我在这儿，来陪我。"

要想真正做到随时满足婴儿的需求，我们就得把其他需求排在后面。只有完全依从于孩子随时变化的状态，我们才能做到游刃有余。所有其他事情都没什么意义了——不论是爱好、交友、生活方式还是职场事业。

由于婴儿的行为节奏和发育进程是缓慢的，所以我们要改变自己的速度、强度、整个生活方式的节奏……这也是一项挑战。我们会很快发现，对婴儿来说，衡量"成功"的标准是完全不同的。他们的"大事情"包括：微笑一下、抖一次腿、拖动一次玩具……这些构成了他们生活的里程碑。

对有些父母来说，重新确认"大事"和"小事"是一个跳跃似的过程。然而正是在这个过程中，婴儿使得我们的自负感逐渐瓦解，同时也带来我们最迫切需要的精神教益。他们有能力把我们带入一种细腻而周到的状态，让我们格外关注他们的每一次打嗝、喘息，以及他们柔软的小身体、

精巧的指甲、凝视的双眼。我们在这些平凡的时刻中感受和欣赏着无穷无尽的不平凡。

在孩子的婴儿阶段，我们将获得最佳的机会，去学习和感受"活在当下每一刻"的强大力量。同孩子在一起时，时间似乎是空洞而没有内容的，实际上却是充实富足的精神体验。婴儿有能力把自负感很强的父母引入灵魂的深层状态，哪怕每次只有短短的一刻；他们引导我们看到了灵魂之窗，唤起了我们的精神震荡。

婴儿有能力用一种简单而清醒的方式同自己的世界打交道。凭借这种能力，他们推动我们进入到活在当下的状态。孩子要我们陪他们唧唧咕咕，与他们面对面地扮鬼脸，把他们抱在怀里……他们为了亲近而亲近，没有别的理由。如果他们能听懂我们的语言，也许我们会对他们说："你要我全心全意地看着你，放下我的厌倦、担忧、成见，全身心地活在当下。我从来没想到这事儿会如此艰难。"

如果我们不能在孩子生命的最初几年里充分接受精神上的教益，就无法进入生命中的全新境界。越是固守以前的经验，我们就越不能充分享受教养孩子的全过程。孩子成长的过程中蕴藏着精神宝藏，要想真正获得它们，我们就要做一次深呼吸，然后潜入"海洋"深处；我们潜得有多深，内心转型的程度也就有多深。

当我们进入了婴儿心灵的圣洁空间，且心怀敬畏，就会收获果实。不仅婴儿在成长，我们也在成长。我们进入了另外一种生命状态——不仅可以同孩子沟通，而且可以同自己的内心沟通。我们将会发现自己同整个生命更深层的联系，发现活在当下的意义，摆脱过去和将来的桎梏。

幼儿期：一个全然属于自我的世界

在个性和统一之间、在分离与融合之间，孩子在父母营造的保护罩里自得其乐。当成长到两岁的光景，他们开始越来越多地探索自己的个性与独立性。到了读书的年纪，他们开始学着在融入集体的同时保持自我，并在两者之间寻找着平衡。

一旦孩子表露出张扬个性的欲望，对家长的考验也随之而来。两岁的儿童开始变得急躁易怒，常常消磨着我们的耐心。当我们叫他向东，他偏偏向西；当我们叫他起来，他偏偏要躺下；而当我们要他停下，他偏偏哭闹不止。最后，我们恨不得不要这孩子了。在这个阶段，孩子变得莽撞而难以捉摸，任性又渴望关注；他们的脾气变得很坏，既粘人又叛逆，既沉闷又吵闹。我们花几个小时为他们安排有趣的活动、准备生日派对，可他们依旧不领情、依旧闹情绪。当他们有所求的时候，就会向我们表示爱意，但紧接着又会完全忽略我们。

幼儿期是一个独特的世界。对孩子的暴躁易怒或讨人喜爱的个性萌芽，我们全然无所准备。他们的各种过激反应似乎凭空而来，又凭空消失，抑或流连不去，从午餐一直延续到游戏、晚餐的时候。一个天使般的宝宝一瞬间就变得疯疯癫癫，好脾气的乖宝宝一眨眼就变成了小魔头。

幼儿不仅在情绪上躁动不安，有时甚至会令人抓狂。尽管他们的恐惧主要来源于自己的想象，然而他们的感受却又那样真切。他们很有本事，能一直牢记自己想要的东西，不达目的绝不罢休；他们还有惊人的本事去忽略那些自己不关心的事情。在幼儿的生活里，一切都是超越限度的——过度的挫败和过度的兴奋。幼儿期是一个混乱的阶段，孩子的情绪与身体都是无序的。混乱无序、充满变数、不可预知……这期间不存在秩序井然。尘埃是扫不尽的，沙砾是掸不去的，污垢也是洗不净的。

尽管这个阶段对孩子和家长来说难以忍受，但在旁观者看来却意义重大。在此期间，孩子的自我意识开始绽放，他们的创造力、好奇心、独立性都开始拓展。幼儿在自己的幻想世界里是战无不胜的，他们的潜能也是无穷无尽的。他们想要飞上蓝天，遨游海洋，探索全世界，通宵达旦也不知疲倦。

当孩子有了自我意识，并发现了自己独立于世界之外的个性需求，父

第 7 章
贯穿一生的挑战：幼年期与"可怕的两岁"

母与孩子都会面临一个新的世界。孩子是否有能力独立于我们的怀抱，在很大程度上取决于我们能否松开自己的双手，给他们自由。在长幼间的舞蹈中，我们如何在"放手"和"严守"之间取得平衡，决定着孩子能否在亲密依赖与独立自主之间取得平衡。

最初的共生状态打破后，孩子与父母之间出现了新的空间，双方变成了相互缠绕的独立个体，孩子的个体身份感开始蓬勃发展。当我们看到孩子的个性绽放后，会不自觉地想："你的脾气很暴躁。""你闹得好凶，让我发抖，我被你吓着了。""你真的越来越有主意了。""我对你的一切幻想都破灭了。"

同婴儿期一样，幼儿阶段也向父母提供了一个拓展精神世界的机会。在此阶段里，我们首先应该认清的是孩子的成长趋势，以及我们预想中"应该"的情况与现实的差别。为此，我们就需要真切地同这个独特的生灵建立起纽带关系。

幼儿阶段的确是一个复杂而棘手的时期。在此期间，幼儿首次开始对他所处的世界行使权威。为了发现自我，幼儿会遭遇许多障碍。然而，他们要面对的最大障碍来自于我们不现实的期望。

在通往独立的道路上，幼儿自己做出的举动往往会受到父母的强行干涉。我们很少允许他们自主进步，要么揠苗助长，要么限制他们，使得他们裹足不前。当我们犹豫、刺激或哄骗孩子以达成自己想要的结果时，其实就剥夺了他们自发的天性。比如，我们会要求宝宝亲吻那些他们不愿意亲吻的人；或要求他们表现得像玩偶一样，以便大家都觉得我们教养有方；或要求他们承担起那些他们尚未准备好承担的责任。

想象一下幼儿在这个复杂世界里的处境吧。一切都是快节奏、多层次的。我们很容易就忽略了养育幼儿的真谛：开放的空间、释放的想象力、无拘束的游戏。我们急切盼望看到孩子学走路、学说话、学会大大小小的事，却偏偏忽略了享受当下的妙处。

幼儿期容不得我们坐下来喘气休息，因为我们的宝宝不再黏人，也不

再哼哼唧唧，而是变得张扬而反叛。他们会不断地将我们拉入他们的世界，满足他们的种种需求；一旦得到了满足，他们又会将我们甩在一边。他们教会我们不再执著于任何一套固定的理想与期望。

由于幼儿的特征是不断演进，所以父母面临的主要挑战之一就是生活在未知的状态中，这完全是一种摸索着前进的状态。因此，我们必须兼顾当下的实际情况和未来的发展趋势。如果我们是明智的，就会逐渐适应在没有经验的状态下生活；因为幼儿的生活里会不断出现自发的冲动、不确定的事件，以及意想不到的状况。如果我们能够机智地应对每一种状况，那么孩子将会引领我们勇敢地拥抱新世界，鞭策我们勇敢地创造一个真实的自我。当我们看到孩子对生活永不知足的好奇心，也会为之感染，进而发现自己也可以生活在奇迹与精彩之中。

幼儿期是播撒包容之心的好时机

一方面，我们必须允许孩子行使自己的权利，勇敢地去冒险；另一方面，我们也必须让他们明白，言行举止不能没有限制。在从婴儿到儿童的阶段，孩子是不懂道理和逻辑的，一切都处于本能自发的状态。这意味着心血来潮的冲动可能导致失控。在这个精力四溢的时期，对孩子施加引导是一个棘手的挑战，不过我们必须为他们初步树立一些规矩和限制的意识。

在这个阶段，下列育儿问题时常困扰着我们："你在不断挑战我的承受底线；要是我不制止你，你会嚷嚷得多响啊；如果我不让你安静下来，不知你会吵闹到什么时候；你在探索自己小小的世界，我不知道该不该给你设限；我知道你想做个大英雄，而且雄心勃勃；我愿意让你的想象力时刻翱翔，但我必须制止你并让你知道，不管你怎么坚信，你都不能从窗户里飞出去。"

对限制、底线、谈判分寸作过第一轮尝试之后，幼儿也许会变得像青

第7章
贯穿一生的挑战：幼年期与"可怕的两岁"

春期少年一样任性。如果危险初露端倪，我们该如何限制幼儿的好奇心呢？又该如何划分行为规范的边界呢？怎样算过分，怎样算不足呢？父母很快会意识到，幼儿期孩子同婴儿期孩子的需求是不同的。当家长第一次说"不"的时候，孩子就开始认识到，自己的有些言行是可以接受的，有些则是不能接受的。第一个"不"字很重要，它说得是否恰当、能否得到贯彻，对于日后的长幼关系具有基础性作用。同婴儿期不同，父母的角色不仅仅是养育孩子了。我们还要有决断，做事一以贯之；有时还不得不扮白脸，做"坏人"。如果我们不能未雨绸缪，设立好言行的底线；那么等孩子过了幼儿期、长到了12岁，我们就会发现这项任务变得愈发艰巨而棘手。

要想实现"限制"的目标，就需要一些觉醒的力量，我们会在下一章深入讨论这个话题。纪律的根本意义在于建立一种时刻不断的觉醒。只有在这个问题上认识得足够深入，我们才能做好家长，才能在精神上富有感染力，才能在行使权威的时候做到觉醒、负责且富有培养精神。例如，当幼儿突然发脾气的时候，我们可以走开（守在一个能确保孩子安全的地方），也可以守在他身边安静地见证一切。哪一种选择最为妥善，取决于我们认为孩子能否忍受我们的行为，这要由他们的发育水平和个性而定。两种手段都能让幼儿得到警告，即他们的行为是有界限的。至于选择哪一种方式，需要内心的觉醒来帮我们作决定。

我所说的"限制"是什么意思呢？如果幼儿咬了不该咬的东西或乱发脾气，我们应该注意，并告诉他们："不，这样不行。"我们也许会发现自己时刻都在说"不"，但不要认为这样的谆谆嘱咐是徒劳的。和风细雨固然重要，但还是应该一以贯之地为孩子设定行为的底线。我们的孩子依然处于蹒跚学步的懵懂状态，我们不想让他们受惊，但同时也需要在允许的范围内开始确立规则和限制。

我们需要认清一个基本事实。幼儿之所以对我们又踢又咬，是因为他不会表达："我生你的气了。"尽管他哭闹挣扎，好像我们饿了他几个月似

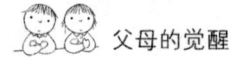

的，但他实际上是在说："帮帮我，我不开心。"

如果情绪让我们恐惧或焦虑，那我们就无法帮助幼儿解决内心的问题。这就提醒我们，当孩子遭到否定和拒绝后，心里会产生一些情绪，我们要教会他们如何应对这些情绪。所幸的是，孩子在此时期的词汇量开始呈几何级数增长。借着语言的桥梁，通过角色扮演和讲故事等手段，我们可以将孩子引入想象的世界，帮助他们更好地感知世界。通过我们的努力，幼儿会意识到自己在不如意的情感中也能好好生活，然后恢复平静。

尽管幼儿满心盼望自己能爬上高山、登上月球，但其实他们心里也感到无助，因为他们面对的是一个巨大的未知世界。为了缓解这种感觉，父母应该为幼儿的生活确立常规，为他们设定言行举止的限制。一旦计划提上日程，我们的宝宝就得学着说话、走路、自己吃饭和大小便，并在自己的小床上睡觉。不久以后，当他们进了幼儿园，将更加独立于父母。

在生命最初的一两年里，孩子享受到与家长合二为一的生活；接着身为幼儿，他们又拓展了个性。现在，我们的孩子将开始新的旅程，他们要学着在更加宽广的世界里既关联又独立地生活下去。慢慢地，他们到了入学的年龄。在此后这些年里，作为父母的我们又会迎来新的机会，同孩子一道拓展精神世界。

第8章
从主角变为配角：父母在孩子学龄期的精神拓展

> 父母需要对青春期的孩子表现出更多的信任与接纳，尊重他们的隐私与空间。
>
> 我们对待孩子的态度越灵活宽松，他们就越有可能同我们保持亲密关系。
>
> 当孩子经历迷茫与痛苦时，我们的任务是陪伴他们，帮助他们缓解苦闷、坚定希望，但不干涉或修正他们的生活。

当孩子迎着一阵阵情感的波涛奋力前行时,需要父母的陪伴与支持。我们可以告诉他们:"虽然你感觉自己就像抛锚的航船一样孤单,身体被抛弃了,灵魂也丢失了,但我会陪着你,映出你的本真。"

第8章
从主角变为配角：父母在孩子学龄期的精神拓展

在学龄早期，我们的孩子每天都会学到不少新知识。对他们来说，有些知识和信息可能是不胜负荷的，另一些知识可能是开放有益的。

这个年纪的孩子会经历几个阶段的交替与回归。在此期间，他们既会粘着父母，又会抵触父母，而只愿意同小伙伴待在一起。总之，他们表现得既粘人又自主，既依赖人又渴望精神自由，既听话乖巧又叛逆挑衅。他们在喜怒无常的同时，又会做出很懂事的行为，令人振奋。

当我的女儿进入这个阶段后，我发现自己变得很困惑："突然间，孩子发现自己有了很多朋友，我不再那么重要了。对此，我既觉得轻松，又有些不舍。现在，我们彼此都会发现相互间的纽带到底有多牢固。"

在此阶段的社交中，孩子会学着同朋友相处，而无需我们的帮助。他们会遵守学校里的一套规则，忙着应付功课，学着调控自己的情绪。他们还会学着面对同学和老师，并依靠自己和家庭以外的人来确立身份意识。

这既是一个实验的时期，也是一个充满恐惧的时期——热情与迷惑共存。我们的孩子渴望树立起"对与错"的概念，更渴望同他人建立联系。身为父母，我们也许会对自己说："我已经努力过了。"然而，我们做的还远远不够。这个阶段可能会让我们异常烦恼，因为我们发现自己深陷于孩子的学校、朋友、老师之中……这些事情或许不是我们特别喜欢与擅长

的。但如果我们保持清醒，就会发现这一阶段会对孩子行为模式的形成产生深刻的影响。我们可以鼓励他们养成一些我们期望中的品质：慷慨、同情、仁爱、悟性、专注力。

明智的父母会初步认识到孩子的成长方向。因为在这段时期，孩子会尝试扮演自己未来的成人角色。因此，当我们让孩子置身于生活的戏剧之中时，重要的是帮助他们塑造完整的人格。如果我们此时不教导他们，将来也不能责怪他们没有做到。当我们为孩子提供了他们所需的支持后，他们将会获得个体的独立感、价值感、胜任力，同时也会意识到自己的局限性。

由于这是孩子初次振翅的时期，我们尤其需要做到不用自己的需求和偏见去限制他们。是的，我们可以对他们的飞行方向施加影响，甚至控制他们的飞行速度，但我们一定要面对的事实是：孩子要起飞了。

初中："达到某种目标"对孩子形成的挑战

初中阶段是孩子经历重大转型的时期，他们会经历生活的严峻挑战。我们会见证他们的痛苦与迷茫、兴奋与活力。尽管我们试图为他们遮风挡雨，然而他们却只顾大步向前，渴望亲身体验一切。

在这期间，孩子的自我意识会发生重大调整，他们的身份定位在不断变化，也让我们频频感到不安。我们会发现，孩子的成长轨迹发生了变化。他们的身体日渐成熟，思想初露锋芒，于是他们不得不应付这些变化。他们的身心发展并未合一，当他们的身体成熟起来的时候，心理和精神上可能还未作好准备。荷尔蒙的汹涌让他们躁动，不安全感让他们迷惑，于是他们常常感到无所适从。他们不知道该用什么颜色去填充那个曾经黑白分明的纯净世界。

孩子再也不像从前那样从属于我们了。他们在成长，为此需要更多的空间，这需要我们少一些专断，多一些宽容和蔼。我们不能做那种大权独

第 8 章
从主角变为配角：父母在孩子学龄期的精神拓展

揽的家长，而应该成为孩子左右不离的伙伴。孩子需要我们牵着他们的手，却不需要我们指路。当他们哭泣却说不清为什么的时候，需要我们的陪伴。即使当他们与我们亲密无间的时刻，依然需要我们尊重他们的隐私。当他们对我们和自己都表示拒绝和否定时，依然需要我们接纳他们；即使当他们不讲理的时候，也需要我们理解他们。当他们遭遇背叛、心情很糟的时候，需要我们不离不弃，即使他们将救生衣甩在了一边。当他们把我们推到理智的边缘时，依然需要我们保持镇静，安静地倾听；即使当他们央求我们发表意见时，我们也要先倾听他们，别轻易地发表自己的意见或解读他们的想法。当他们健忘或心不在焉时，更需要我们的原谅。我们要理解，这些都是由于荷尔蒙在发挥作用。他们需要我们允许他们放肆一些，允许他们小小地违逆我们。我们要明白，这是一个健康的发展过程。他们不想再做我们的宝宝了，而需要我们告诉他们："你可以开始走自己的路了，不管前途多坎坷。"

在这些年里，孩子会接触各种青少年的小团体、小圈子，会经历浪漫的恋情，也会在社交中遭遇背叛、碰壁和伤心的事。在他们不断蜕变、找到如鱼得水的感觉之前，每一段友谊都会给他们的个性留下印记。我们的任务是与他们相伴，帮他们缓解苦闷，坚定希望，但不削弱他们对每一场遭遇的切身感受。当孩子迎着一阵阵情感的波涛奋力前行的时候，需要我们陪伴他们，做他们坚强的后盾。我们不要去"修正"他们的生活，这一点很关键；相反，我们要对这几年中的种种"乱象"加以理解。如此一来，孩子就能学会处理好自己的情绪问题，并创造自己的应对策略。我们好像在告诉他们："虽然你感觉自己就像抛锚的航船一样孤单，身体被抛弃，灵魂也丢失了，但我会陪着你，映出你的本真。"

当我们看着孩子遭遇各种问题时，如果自己也焦虑不已或陷入他们的情绪漩涡，那就无法帮助他们顺利地走出这段艰难期。由于他们的身份感不断经历着嬗变，我们会感到挫败，几乎要失去耐心；但他们要求我们保持坚定，理解这正是他们所需要的。孩子的许多问题在我们眼里或许显得无足轻重，但对他们来说却至关重要。他们看起来如何，他们有多少朋友或敌人，老师是不是表扬了他们，他们有多聪明或多愚蠢，他们是否接到邀请去参加生日晚会或舞会……如果我们告诉他们不应该担心这些肤浅的小事，那将会疏远他们；而且，他们还会因此相信的确是自己太浅薄了。换句话说，我们有义务在精神上激励他们，让他们鼓起宝贵的勇气。

社交生涯的另一方面是团体意识。孩子渴望成为某个集体的一员，甚至会为此出卖灵魂。他们会不顾一切地赢得认同，牺牲自己的真实想法，去迎合他人的价值观。当我们看着他们转换身份，加入一帮"体面人"，拼命想在学校里赢得人气时；我们不得不安静地站在暗处，任凭他们改头换面，聆听不同的音乐，并摆出一副同真实自我大相径庭的姿态。

孩子可能会跑到我们面前，硬要我们给他们买最时髦的玩意儿或最流行的衣装。他们也许会争辩说，伙伴们"人人都有"，他们不愿意不合群。为了让孩子融入集体，我们也许会没完没了地去填这个无底洞。这个现象说明，物质财富或时尚见解等外在因素，对一个人维持身份意识是非常重要的。然而，如果我们能抵挡住孩子的冲动，并引导他们依靠内在的价值感而不是物质拥有或社会阶层获得认可，那他们就能学会不盲目跟风。

高中：无条件接纳的必要性

度过了初中阶段，孩子愈发走向成熟，我们将能完整地看到家教在孩子身上所产生的作用。因为我们容易被错觉蒙蔽，以为自己是特殊分子；所以当许多我们从未料想过的事情降临到自己头上时，我们就会感到羞愧、无助、内疚、愤怒。我们会被孩子任意摆布，在他们身上耗费无数心血。无怪乎我们许多人会向专家求助，请他们对我们的孩子进行药物或心理治疗。

在孩子的青春期，我们不得不放弃一些早先寄托在他们身上的期望，因为我们必须着手应对一些问题。我们曾经以为这些问题只会发生在其他

第 8 章
从主角变为配角：父母在孩子学龄期的精神拓展

人身上，比如谁会想到自己的孩子喝醉了酒，在洗手间里呕吐，而我们必须把他们拖出来呢？事实上，无论青春期之前我们同孩子的关系如何，对于他们如今的怪诞行为，我们都觉得难以忍受。事情的变化太大了，父母都不敢相信眼前的人究竟是不是他们的孩子。我的回应是："他们始终是同一个人，他们不会一夜之间脱胎换骨。"

在此阶段，我们的孩子会以前所未有的步调跃进：个性更加张扬，想法更加丰富，自我表达更加热烈。不过，一位问题多多的青春期少年也不是一夜之间形成的，今天的秧苗来自于很久以前播下的种子。不幸的是，如果孩子早年缺乏真正的教养哺育，那么长大后就会采取不健康的方式去索取。如果我们以往对孩子太过严苛，那他们正好借着青春期挣脱一番。如果我们在孩子成长期间对他们太过放纵，以致他们不懂得行为的界限，那他们如今会更加野性难驯。如果我们此前对孩子太过忽视，此时他们会拒绝与我们心意相通。

不过，亡羊补牢，为时未晚。当然，我们的孩子会越来越充满警惕，情况也会越来越棘手。在这样的情况下，我们必须承受孩子带来的痛苦，并能理解：过去那些年，我们没有把他们当作和自己一样的人，所以如今不得不付出代价。我们必须承认："我当时没有及时出现，现在请你告诉我该怎样修补我们之间的关系吧。"

另一方面，这个阶段也是我们收获颇丰的时期。如果我们能倾听孩子的真实心声，并培养他们固有的美德，那我们会欣喜地发现他们在向我们投桃报李。我期待本书能使无数家长直面自己孩子的青春期："如今你变得更高、更聪明、更强大，比我当年做得更棒。你的精神强健有力，深深地映出你的本质。我为你感到惊叹。"

这些年，我们必须抱有信心——除了对孩子有信心，也要对自己的教养方式有信心。是的，这的确是一场真正的考验！我们的孩子正值青春，身处情绪的漩涡之中。他们依然在不断地发育与成长，叩问着半成人的世界：打工、独自出国旅行、考试升学、恋爱、分手、被甩……体验着各种

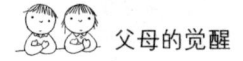

身体与心理的极限,这一切都在所难免。在如此巨大的压力下,他们创造着自己的未来。**他们比从前更加需要我们,需要我们彻底的接纳。**

为什么抵抗控制欲是件重要的事?

高中期间,孩子的行为往往会让我们不得不加强控制。尽管如此,我们却恰恰更需要展示信任和无条件的接纳,需要在自己庇护的双翼下留出更多的空间。现在正是时候让孩子展示一下我们教养的全部成果,包括我们以往传输给他们的所有道德观和价值观。此时此刻,轮到孩子展翅高飞了,哪怕他们仅仅是绕着鸟巢飞几圈。我们得让孩子有足够的翱翔空间,而又不能完全放手。他们得知道,自己随时可以回家,但更重要的是自由飞翔。

当女儿进入青春期后,我知道自己必须抵抗自负感的介入。我能听见自己说:"我还有许多意见要表达、许多智慧要传授,但我清楚自己不该再侃侃而谈、好为人师了。孩子,现在轮到你书写自己的篇章了。"

关于孩子选择什么课程、结交什么朋友、追求什么兴趣爱好,我们应该少插手,尽量让他们自己去作决定。当然,我们担心的是他们会不会作出糟糕的决定或受到不良的影响。这样的危险总是存在的。但身为父母,我们现阶段没有太多的选择余地。如果我们的孩子在学校里遭遇失败或失去动力,那说明他们在试图告诉我们,有些事情不对劲了。对此,我们只有一种回应方法:**接受**。接受之后,我们可以采取具体的行动,比如在他们需要的时候提供额外的帮助,但情感上的支持尤为重要。

如果我们的孩子在感情问题上作出了糟糕的决定或犯了别的过失,我们此时也唯有接受。如果我们的反应过于武断或控制欲太强,那只会将年少的孩子往外推。我们对待他们的态度越灵活宽松,他们就越有可能同我们保持亲密关系。如果我们表现出专断和占有欲,就只会激起他们的反弹,促使他们作出更加负面的行为。

第 8 章
从主角变为配角：父母在孩子学龄期的精神拓展

父母自然会问："这是不是意味着我们就放任他们吸毒或退学？"

我的解释是："孩子事事征得我们同意的时期已经过去了，他们会径直按自己的心意办事。至于他们会作出什么样的选择，直接取决于此前他们接受了什么样的教养。如今，我们必须抛却一切幻想，不要认为自己还能对他们的生活施加什么控制。我们进入孩子生活的唯一途径是重新建立自己同他们的联系。"

在这些年里，身为父母的我们将会经历精神上的严峻考验。我们必须重新调整同孩子的关系，建立新的亲子关系与伙伴关系。我们为人父母应获得的尊敬依然如故，只是赢得尊敬的方式得有所变化。再重复一遍，信任是关键。在这期间，我们要做的不是惊惧和焦虑，而是应该自信地对自己说："如今我可以安安稳稳地坐下来好好地欣赏你了。我可以松一口气，不用再坚守原来的岗位了。你愿不愿意同我建立一种新的关系，我可以做你的好拍档？"

如果我们不能尊重孩子的隐私与空间，青春期的他们就会拒我们于千里之外。如果他们觉得自己的领地受到了侵犯，那即使面对我们的明智忠告也会充耳不闻。如果他们听到的只是警告，同时又得不到信任，那他们就不会再来征求我们的意见。因此，务必要让孩子完全了解，我们无意将自己的计划强加给他们，我们对他们的生活能力充满信心。只有这样他们才会坐在我们面前，平静地同我们交流。

如果说在某些年龄段，安全问题是首要因素；那么到了青春期，孩子最大的危险来自于同龄人的压力，以及一些潜在的自暴自弃的行为。尽管如此，我们也不能对孩子的生活横加干涉。如果我们那样做，他们自有对策。他们会编个瞎话哄骗我们，然后照样由着自己的想法去做；接着我们多半会无所适从，甚至恼怒万分。我们越是干预，孩子就越不肯同我们说心里话。在孩子生命的这个阶段里，相信他们是父母必修的精神功课。

一方面，我们对孩子生活的影响力遭遇了限制；另一方面，我们继续

对他们发挥着巨大影响。除了在日常生活中和言谈举止间彻底地接纳孩子,我们还应鼓励他们在需要时向我们求助。要想对他们的安全作出保障、为他们送去动力,我们所能作的最佳举措就是承认他们最真实的自我。

第9章
为人父母的迷乱

唯有认识到教养过程中的精神潜能，我们才能不带抵触地深入其中，坦然接受孩子为我们带来的一切。

在应对孩子情绪的同时，我们自己的感受也需要新陈代谢。

养育孩子意味着向一种新的步调妥协，父母需要培养自己的耐心，并对当下的情形因势利导。

身为父母,我们往往太在意维护"好父亲"与"好母亲"的形象,所以很少会坦言自己被孩子的需求搞得心力交瘁。

第 9 章
为人父母的迷乱

除了对为人父母的旅程心怀赞美，觉醒的教养方式还在于接受和拥抱旅程中那些令人抓狂的事。你得对教养孩子过程中的心理、情感、精神的投入抱有绝对清醒的认识，这一切有可能永久地改变一位家长的自我认识。

由于教养孩子的过程是非此即彼的，所以我们要么表现得最好，要么就表现得最差。因此，我们必须直面这项艰难的使命，尤其是对母亲来说。我们要认识到，虽然不是所有父母都会面临非常严峻的挑战，但**所有父母都必须经历深刻的情感与心理转变**。

正如我们在此前两章中所看到的，没人会向我们解释为人父母将会怎样改变人生；没人会告诉我们，父母同儿女之间的爱有朝一日会撕裂人心，使得我们听凭孩子命运的摆布；也没人向我们解释什么叫做觉醒的父母。然而，我们熟悉的生活从此为之改变，我们熟悉的自己也就此从眼前蒸发。没人会告诉我们，我们必须经受旧我的灭亡，同时却对如何生成新的自我一无所知。

教养孩子是人生中最艰巨的任务之一。凌晨 3 点，一位母亲在哄一个孩子睡觉的同时为另一个孩子哺乳，而她早上 9 点还要上班；此外，她的丈夫希望她在枕边温柔体贴，在人前体面周全……不妨去问问她，那是种

什么滋味。一位父亲,必须陪着心不在焉的儿子做功课,时刻提醒他集中注意力;紧接着,他要赶去接另一个练足球的孩子回家,然后还得加班工作……不妨也问问他有何感受。

与生活中的其他使命相比,为人父母会让我们产生自我怀疑。我们会怀疑自己的能力、价值,甚至怀疑自己是否心智清醒:"现在想想我当初到底为什么要孩子?就为了把他们哄睡了,再独自入睡吗?"

唯有认识到教养过程中的精神潜能,我们才能不带抵触地深入其中,同时不被复杂的情况吓倒或产生困惑。因此,与其为教养过程中的种种感受感到愧疚,不如坦然接受为人父母时的不理性和迷乱,充分享受孩子为我们带来的一切。不必心碎,也不必破坏我们原有的身份感;相反,我们应该感到自己得到了拓展,一个新我诞生了。

母亲的特殊角色

在教养儿女的这些年中,父母双方都经历着身份的转换;而母亲的情感和精神历程意义尤为重大,因为她们经历了十月怀胎的过程。在漫长的孕育期里,母亲同婴儿之间建立了一种亲密深沉的联系,由此形成的纽带亦格外复杂、高度亲密。因此,母亲对孩子的投入往往与父亲大为不同。

在一个新灵魂诞生的过程中,我们同时获得了身体与心灵的拓展。在9个月当中,我们经历了身体的神奇变化,进而发现自我感觉也发生了变化。我们对自己的身份感产生了疑问,因为我们认识到生命不再完全属于自己,而是同我们的孩子连在了一起。我们见证着自己的心潮涌动,充满了保护新生命的冲动,这是一种陌生而磅礴的感觉。

那时我们会知道,自己既不是生育之前的那个人,也不是刚刚生完孩子后的那个人。结果,我们在母亲的角色里迷失,把专属女人的那份热情完全献给了孩子。在这种给予的过程中,我们的自我意识淡化了,同原本的自己渐行渐远。我们感觉自己好像来到了一座孤岛,四面望不到陆地。

的确，我们感到生活有了目标，但却仅限于母亲的责任。我们的孩子在逐渐长大，配偶的事业在节节攀升；而我们自己却感到漂泊不定，更不要说拥有独立的生活目标了。多年以后，我们会渴望拥有独立于孩子之外的身份感，却又往往找不到建立这种感觉的途径。我们一方面热切希望重新找回曾经的自己，另一方面又意识到曾经的自己已经死去。这种身份感的失落是让人恐惧的，而且有反复来袭的趋势。

在教养孩子的过程中，我们几乎认不出镜子里的自己。透过眼圈周围的皱纹，我们会看到孩子摔门而去的身影，因为我们不肯给他们买电玩；我们还能看见他们跌倒后摔坏了下巴，以及那天在市场上同他们走散的场景。如果我们仔细观察就会发现，其中充满了身为母亲的一切奇妙和快乐。

但是，我们有时也禁不住一边做家务，一边抱怨自己的孩子，责怪他们继承了配偶的缺点；或者埋怨自己运气不佳，甚至迁怒于所有的人："我怎么就摊上这么个'难弄'的孩子？"这些话只有过来人才能体会理解，才能产生共鸣："了解孩子是一项大工程。""感谢上天，家里总算能安静些了。""我总算有几个小时自己的时间了。"

对许多母亲（也包括那些承担养育责任的爸爸）而言，做父母是一种情感、心理、身体、经济上的消耗。然而这件事究竟有多么艰难，在情感上又是怎样一种负担，我们却很少互相分享。我们太在意维护"好父亲"与"好母亲"的形象，所以要对家人、朋友讲出自己的感觉是一件难为情的事。由于我们害怕接受评判，所以很少有人会坦言自己被孩子的需求搞得心力交瘁。大多数人会孤单地承受为人父母的种种感受。我们会感到自己在孤军作战，一心想重新变成做父母之前的样子，却又认为这种愿望很不正常。我们会感到无助而迷茫，却又不知向谁求助。可一旦我们能跨越完美主义的心理障碍，就能同其他家长建立起亲近感，并意识到自己的感受是再正常不过的，也是合乎人之常情的。

如果不切身经历，谁也无法理解为人父母的复杂情感和焦虑煎熬。有时难以遏制的深爱也会为之消磨，有时无可排遣的疲倦又会让人憔悴，有时我们会太过关注孩子以至忘记了自我的存在。另一些时候，我们则会幻想着做个逃兵，丢下孩子的脏衣服不管，任凭房间里乱七八糟，也不管他们做没做功课。当然，我们还会梦想着躺在沙滩上呷着饮料，远离惊声尖叫的孩子，但又会对这样的想法心怀惭愧。孩子占据父母的心，这几乎是百分之百的定例。我们会照顾呵护他们，逗他们开心，或者替他们担忧。我们同配偶的关系也发生了彻底的变化。我们自己的身体变成了陌生的世界，我们的情感平衡好像失去了理智支撑；因为我们的睡眠被剥夺了，脾气更急躁了，经济上更拮据了，时间也变得更加紧张。

总有这么一天，我们会意识到："天哪，我怎么变得和我妈妈一模一样！"换句话说："我变成了一个控制欲超强的人！"多少次，我们的母亲会大喊："你怎么就不能按我说的去做？"如今回想起来，我们突然领悟了其中的道理，并会对所有的父母心生同情，理解他们为何会情绪失控而在飞机上对孩子尖叫。在为人父母之前，我们也许会大言不惭："我要是做了母亲，我的孩子可绝不会有那样的表现！"如今身份一变，我们就会同情别的父母，恨不得把那孩子带走锁在卫生间里。

不管我们喜欢与否，我们的孩子都注定会在最深和最基础的层面上触动我们。或早或晚，我们都会"失控"。我们会大喊大叫，甚至是厉声尖叫；我们会用出乎自己预料的难听称呼去教训孩子。即使被孩子触动了神经，我们也要接受他们；这一点很重要，因为这样的现象是正常的。当我受到刺激时，我会告诉自己：我要接受她，她是我的影子，哪怕她是富有威胁性的；孩子给我上了一课，让我更加了解自己，我要拥抱这一切。无论如何，我们每个人都要面对"自己的影子"——那个怀有控制欲的自己。

如同前面说过的，反复地情绪失控、耍小孩子脾气，让人感到惭愧。对孩子大喊大叫的滋味并不好受。当年，我们自己处在失控边缘时，曾多么希望父母能早日放手，最好整整一年都别再插手我们的事。事实上，我们固然需要面对孩子的情感与情绪，但同样需要面对自己的，因为我们的感觉也需要新陈代谢。只有如此，我们才不会将自己的情绪笼罩在孩子头上。

当我们接近转变和瓦解的边缘时，往往忍不住想走回头路，回到传统的上对下的长幼关系模式中去。但如果我们走上回头路，那么到了孩子的青春期，我们将会付出沉重的代价。觉醒的过程对父母来说也许是痛苦的，但从长远来看，这确实是更妥当的选择。

养育孩子意味着向一种新的步调妥协

在同孩子相处的过程中，学会向生活的常态屈服，这需要一段适应期。依着孩子的天性，他们会考验我们的耐心——其程度因年龄段而不同。当孩子进入青春期，他们会变本加厉地挑战我们的耐心，但方法会有所不同。如今，要求他们吃完麦片或系好鞋带已经不再是问题了。现在的问题表现为：过于简短的交谈，以及必须排队等候一个同他们交流的机会，排在前面的永远都是他们的朋友。

培养自己的耐心，不仅意味着有效地应对孩子，还需要对当下的情形因势利导。当孩子需要我们耐心的时候，我们需要放弃自己的计划，远离自负感，充分享用当下的时光。因此，开发自己的耐心是一项精神实践。面对转型期的孩子，我们这些父母面临着挑战，不得不放慢脚步，变得更有觉悟。

有时候，我们的确没有时间与耐心应对一切。我们必须马不停蹄地过关斩将。然而，如果这样的行动节奏成了常态，那事情就不妙了。孩子的平缓步调给予我们一笔宝贵的财富，因为他们的节律比大多数成年人更接近灵魂的固有节律。当匆匆来去的时候，我们有必要提醒自己，除了此时此刻，我们无处可以投奔。因此，与其匆忙奔走，还不如让自己接近孩子的灵魂。当我们感到魂不守舍的时候，我们能为自己和孩子做的最好事情就是平静下来，直到心神恢复安宁为止。

当孩子"按部就班"地成长时,我们得提醒自己,那不是他们该走的路,因为那不是他们真正的人生目的。在这种时候,我们要考虑一下是否可以改变自己的计划,而不是要孩子事事服从我们的意愿。

如果孩子真的很难缠,而我们处于失去耐心的边缘,那我们应当倾听来自内心的声音,这一点很关键。它会告诉我们:"不要让孩子承担你自己的失败。"当孩子激怒我们的时候,我们可以在心里展开一场明智的谈话:"此刻我为何要受刺激呢?我为什么对孩子那么不满意?孩子是不是触碰到了我的哪桩心事?"此时,聪明的选择也许是做一次深呼吸,然后离开现场。这样我们可以调整并提醒自己:"现在需要帮助的不是孩子,而是我自己。"

有时候,当我们忍不住将自己的挫败感发泄出来并转移到孩子身上(不管是粗暴的言语还是难看的脸色)时,我们应该深呼吸一次,谅解自己;然后放下一切,从头再来。如果我们发现自己经常失去耐心,或许应当自我审视一番。除非我们的生活之弦绷得太紧,否则没有理由频繁地失控。如果真是那样,我们就该评估一下自己的生活状态,然后力图恢复平衡。在这样一个过渡期,重新塑造生活应成为我们的精神焦点。

要想成为觉醒的父母,终止上一代人留下来的恶性循环是一项重要的任务,我们将在下一章中就此进行深入的探讨。

第 10 章
摆脱旧日创伤,做健全的父母

如果父母过于关注自身的创痛而无法回应孩子的需求,那么孩子长大后将会陷入空虚、失落与抑郁的深渊。

如果父母不允许孩子保持真性情,那他们就会羞于表达真实的自己,继而改变个性与习惯,以虚假的面目示人。

孩子所有的"不良行为"都是在变相地呼喊与求助,因为他们无法通过正常途径表达自己的心声。

当孩子看见父母故作姿态以博取他人的认可时,他们也会学着放弃自己的价值观而去取悦他人。

第10章
摆脱旧日创伤，做健全的父母

如果父母太过专注于自己的创痛不能对孩子的需求作出应有的反应，那么孩子长大后不仅会感到内在的空虚，而且会感到心灵的分裂。这是由于他们最本真的自我从未得到过发掘，自然也无从谈及存在与失落。结果，他们将会满世界寻找真实自我的映像，寻求一切有可能补足自身缺失的元素。

如果父母无法为我们提供真实自我的映像，那么要想在内心中创生出这样的映象就是难上加难。因此，我们很可能会感到失落，甚至陷入深度的抑郁。抑郁本身意味着阴沉的逃避或某种沉沦。因为这样可以暂时缓解痛苦，所以我们误认为自己可以在消沉中找到自我的映像，找回很久以前失去的认同感。

在我眼里，萨曼莎是一位智力过人的五旬女性。她拥有博士学位，在一家医院担任护士，却一直没有找到一位亲密伴侣。由于她心目中的理想母亲同美好的配偶密不可分，所以她做母亲的愿望也一直没能达成。

由于来自一个破裂的家庭，萨曼莎从来不知道拥有一对可靠的父母意味着什么。她的母亲是一位忙碌的医生，很少待在她身边，而她一向不知道父亲是谁。也就是说，萨曼莎的整个童年都是在自顾自中度过的。她甚至不好意思邀请母亲参加自己在学校剧社的首次演出或高中毕业典礼。

很久之后她才明白，原来母亲对她根本不感兴趣，而宁愿去拯救世界。结果，萨曼莎认为生活是不值得信赖的，并相信，要想求得生存就必须泯灭自己的各种欲求。

萨曼莎的母亲再婚了，嫁给了一个暴虐的男人。萨曼莎不敢相信，一个女人对羞辱的承受力居然能强大到如此程度。于是，她刚刚高中毕业便离家出走了。她同一群伙伴混在一起，吸过毒，参与过乱交，还频频露宿街头。

6年后，24岁的萨曼莎被毒品引起的心悸折磨得奄奄一息，住进了医院。在急救室灯光的照射下，她发觉自己同母亲一样陷入了情感麻木的状态。为了找工作，她考入了医学院。她凭借天分完成了学业，并相继获得了硕士与博士学位。到40岁时，她戒毒成功，最终安定下来。

尽管萨曼莎看似成功，内心却依然痛苦。在工作中，她每天都在照顾别人，没日没夜。她乐于承担这样的角色，因为她惧怕感情生活，亲密关系会让她感到窒息。她信不过任何男人，总担心会遭受背叛；她最长的恋情只维持了5个月，大多数时候都形单影只。她感到自己陷入了抑郁，哀叹道："我没什么可以期盼的。我已经竭尽全力从童年撑到了现在，但还是感觉心痛，就像5岁时一样。内心里，我还是当年那个小女孩。这份痛苦难道就挥之不去吗？"

令人悲伤的事实是，不管外在世界如何变化，童年的创痛会一直萦绕在我们心头，就像萨曼莎那样，除非我们将其治愈。不管我们拥有多少珍宝，获得什么学位，或被伴侣如何疼爱，都无法弥补童年时的渴求——一个幼小的孩童所寻求的只不过是父母无条件的接纳。

我们大多数人都是所谓的"成年儿童"，无法同真实的自我相互吻合。举例来说，在我们成长的过程中，如果我们的父母同他们的本真是割裂开来的，那么当我们凝视着他们的脸，希望能看到自己的真实映像时，事实上只能看到空洞的瞪视或是同我们无关的情绪。因为我们从父母眼中看不到真实自我的反映，所以我们也就感受不到最真实的自己。

第10章
摆脱旧日创伤，做健全的父母

有些父母由于自己的心灵受过创伤，所以在教养儿女时也受到了影响，其具体表现多种多样。由于他们在思想上受到了折磨，在情感上遭遇了波澜，所以会在自己的孩子身上也留下印记。对此类教养方式的效果进行一番普遍的审查，是很有益处的。

如果我们在成长过程中觉得自己不够好……

乔纳森40多岁了，他始终未曾得到本该在童年时代获得的承认。结果，尽管他聪明伶俐，却始终不能在一个职位上待够一年；尽管他曾尝试过各种行业——从大企业到小公司再到儿童教育领域——但没有一样是合意的。在每个职位上，他都会发现有人和他对着干，最后逼得他不得不离开。如今他走进了死胡同，因为没人愿意雇佣一个工作经历如此不稳定的人。

陷入痛苦的乔纳森开始酗酒，不停地抽烟，同妻子争斗，还辱骂孩子。"我确定，他是在糟践自己。"他的妻子在电话里告诉我，"他不仅不相信任何人，还试图疏远我和孩子，他感到自己走投无路了。"

如果乔纳森自我审视一番就会发现，是**他自己**拒人于千里之外，堵死了所有的路。这一切都是因为，他从记事起就认定自己在这世上不受欢迎。就像萨曼莎信不过生活一样，乔纳森也认为生活是残忍而不公的。他之所以产生这种感觉，是因为他不止一次停下来审视自己的预感，而他的预感却是建立在对背叛的恐惧之上。他总觉得自己会遭人背叛，于是总是陷入苦恼。基于这种过份的感觉，他对生活中的其他人都设定了不近人情的评判标准。由于这些标准是无法达到的，他的恶性循环只能继续下去。而且，他为自己设定的标准也是如此之高，以致错失了种种机会，只能陷入不断的失望之中。这一切都源自他内心的空虚。由于他的内心体验是空洞的，所以他只全心关注自己的得与失，却不关注自己能够付出什么。

当我们一路长大却自觉不够完美，这种不满足的感觉也进而转移到了自己周围的环境里。其具体表现就是为自己筑起一座自负的堡垒，借此弥补心头那种不妙的感觉，如同乔纳森所为。这种自负感引起的后果是，我们总认为自己比别人优越。我们常常带着一种傲慢的权利感或装出一副比别人高明的样子，事实却是我们丢失了最核心的自我价值。

乔纳森还把这种不良情绪带入了父亲的角色之中。他给孩子施压，要求他们必须成绩优秀，要求他们参加那些他认为有价值的活动，并根据孩子在其中的表现来衡量他们。由于乔纳森一直乐于扮演"强势"的父亲，孩子都害怕他。结果，他的长子不再理睬他了——约书亚从来不回家，而且厌学、逃学。自我放弃是一个简单的选择，那样他就不用担心自己会令父亲失望了。

很多人都会流露出这样的想法："但愿事事遂意！"在这种情结的驱动下，我们会完全依据自己的好恶与需求在生活中追寻欢愉。由于我们在这种情结中加速前进，所以一切不合乎我们期望的事都会被视作毫无价值。即使当某些珍贵的东西摆在我们面前，我们也会不屑一顾。我们会变得主观臆断，不仅拒绝接受生活的本来面目，还拒绝接受孩子的真实自我。当然，我们的抗拒心理不会带来任何益处，因为生活的真实状态不会改变。如果我们足够明智，就会认识到这一点，然后顺其自然、因势利导，而不是顽固抵抗。

自负的背后隐藏着自尊的缺失。这是由于我们从自己父母那里没有获得足够的接纳，于是格外渴望更多的接纳。此外，这也可能是由于我们受到了太多的娇惯和表扬，已经超出了应有的限度。又或者，我们曾感到自己只是父母的玩偶，我们的存在只是为了满足他们的虚荣，而不是满足自身的需要。

娜塔莎就是这样一个例子，她将自己的欲望转移到了周围的环境之中。她居住在一个令人羡慕的社区和一幢美丽的大房子里。多年来，她一直倍感自豪，因为她拥有漂亮衣服、名牌首饰、众多朋友，以及豪华靓车。后来，她的丈夫丢了工作。在一年之内，他们不得不搬去丈夫父母家中居住；在娜塔莎心里，那里远远比不上自己原先的家。娜塔莎变得情绪低落，既不肯出门，也不愿照顾孩子。她认定所发生的一切很"可怕"，于是将自己的不安全感都投射在丈夫身上——轻视他，认为他的失业是没用的表现。

娜塔莎的遭遇是严峻的，不过她的反应却让事态恶化了。尽管她不适应新的环境，但她的生活依然是优越、安全、稳定的。可是，虚荣心和自负感却使她忍受不了眼前的一切。她认定自己的处境是如此困窘，于是接下来的一切也一落千丈：丈夫郁郁寡欢，孩子在学校里表现很差，她的健康状况开始下滑。如今，全家的状况的确是急转直下：丈夫不再努力找工作，孩子由于每门功课都不及格而不得不辍学。全家都沉浸在娜塔莎的哀伤里。

"告诉我，面对这样的痛苦，我该怎么办？"她央求我，"我是不是应该出去散心？开派对？告诉全天下我甘之如饴，根本不在乎这一切？"她非常紧张恐惧，担心自己吃了上顿没下顿。在这种心境下，她没法认识到正是她自己造成了目前的灾难。她完全想象不到自己可以用另外一种方式来应对困境。

娜塔莎的父母一直对金钱表现出巨大的渴望。她的父亲工作了一辈子，也攒了一辈子钱，而她的母亲却还总是担心钱不够花。虽然这个家庭从未受过穷，但娜塔莎却早早地继承了家庭的观念：一个人的价值取决于他所拥有的物质财富。她的父母太热衷于银行账户上的存款，所以无暇追求真正意义上的生活。无止无休的拜金主义限制了他们，他们总是对未来心怀焦虑，所以对生活的种种慷慨馈赠也视而不见。父母为娜塔莎种下了追求奢华的种子，使她从小就极其厌恶朴实的生活。

当娜塔莎认识到这种情结其实是拜父母所赐时，她决定全盘接受现实。从接受的那一刻起，她开始面对自己真实的情感反应。随后，她认识到自己对丈夫的厌弃源于内心的恐惧；她再次向他伸出手去，他们携手创立了一个非营利性组织，专门帮助单身女性获得自立。尽管他们的收入并

未恢复到原来的水平,但他们的生活却充满了幸福;因为他们改善了他人的生活,从而赢得了他人的感谢。

如果我们一向通过取悦他人以获得认同……

如果父母为了融洽相处而回避真实的自我或掩盖自己真实的想法与感受,那么孩子也会模仿这种不真实的生活方式。当孩子看见我们故作姿态以博取他人的认可时,他们也会学着取悦他人,并努力调整自己的状态去迎合对方的好恶。

当孩子看见我们把他人的需求放在首位时,他们也会学着放弃自己的价值观而去迎合他人。久而久之,他们会对人际关系高度依赖,他们的身份意识也建立在人际关系之上。然而,在这种对他人不真实的迎合背后,其实隐藏着某种厌恶感;因为没人能够保持这种舍己从人的状态,除非他们先做到忠于自己。

当我们为了赢得认同而取悦他人的时候,可能也会在无意间开始取悦孩子。为了寻求孩子的认同,我们不再教导他们尊重自己的真实需求,而是过度满足他们。过分宠爱孩子就是对他们发出错误的信息:就算胁迫父母也没关系。我们的自尊缺失使得孩子误以为自己成了成人世界的中心。这不利于他们的情感发展,也无助于缓解我们自身的缺失;而且,这还容易导致孩子生成自恋的毛病,让他们以为世界都要围着他们转。

如果我们不能为自己树立健全的底线意识,那么孩子也不会对规则和底线产生敬畏。当他们看到我们无法为属于自己的空间设置界限,就会错误地认为自己的需求比别人的更重要。如果我们不知道恰当地说"不",而一味地顺着他们,他们就不会明白,生活无法处处令人称心如意。结果,他们心里就会滋生出不健康的自负感。

安妮塔是两个孩子中的妹妹,她们的父亲在她7岁时去世了。安妮塔的姐姐患有严重的身心障碍,只能坐在轮椅上生活。由于大女儿的缺陷,所以安妮塔的母亲专注地照料着她。在这种处境下，安妮塔很快认清了自己在家中的位置：她是第二位的。因为姐姐是个病人，所以无论如何她都无法吸引母亲的注意，可她偏偏像个贪婪的小鬼一样渴望得到母亲的关注。

由于母亲全心全意地照顾着残疾的姐姐，所以安妮塔就变成了协助母亲承受负担的小帮手。她很快适应了这个角色，变成了一个完美的小护士。结果，母亲越来越依赖她，同时不断给她施加压力，希望她能填补姐姐带来的一切缺憾。为了满足母亲的所有期望，安妮塔成了一名成功的儿科大夫，在情感与经济上支撑着这个家庭。

安妮塔结婚很晚，生育了3个儿女。在自己的家庭里，她继续着出色的表现，为儿女奉献了全部，把他们都培养成了能力卓著的成功人士。她充满热情，竭力不让孩子重走自己的老路。于是，她满足孩子们的一切要求，允许他们使唤她，就像当初她母亲所做的那样。安妮塔的丈夫对她的期望值也不低。他小气、爱吃醋、占有欲很强，经常陷入情绪化的漩涡之中。结果，安妮塔的成年生活就好像是穿梭奔走于母亲、儿女、丈夫、姐姐之间。一切倒也显得举重若轻，直到有一天，她经诊断发现自己患了乳腺癌。

安妮塔没作什么抗争便垮了下来，变得十分抑郁。在她最需要坚强的时候，她却放弃了。这个女人把自己的一切都给了别人，当她需要为自己保留些什么的时候却已经无能为力了。她的自我价值感太低以致于无法真正地展现出自我。

安妮塔指望母亲来拯救自己。可是，她的母亲焦虑过度，非但没有伸出慈爱的手，反而对她大发脾气；她不断地用蔑视的态度对待安妮塔，因为她不能接受女儿身处求助的境地。安妮塔的孩子们同样不能应对母亲遭遇的状况，他们自己的状况也不断恶化。她的丈夫向来无法当家作主，结果只好搬了出去；用他自己的话说，家里"太病态"。如此一来，安妮塔似乎又回到了童年：她感觉自己遭到了抛弃。

经过几个月的治疗后,安妮塔开始有所醒悟:她如今的**自我抛弃**正是多年前遭父母抛弃而留下的后遗症。她现在明白,为何自己的丈夫与自己的母亲恰好是同一类人,他们的自恋与冷漠为何会如出一辙。她也意识到,由于时刻在为孩子付出,她竟然变得无法应对自己生活中的问题了。为了让孩子不再承受自己童年时受过的苦,她过分地溺爱他们,使得他们不仅缺乏同情心,甚至可以说是麻木不仁。她下定决心不再让孩子承担她童年时承担的责任,所以在不知不觉间就把他们培养成了缺乏责任感的人。

像安妮塔一样,我们许多人都会修塑自己,为的是赢得他人的认可。为了获得接纳与承认,我们把自己变成了一个同真实自我不同的人。如果我们的父母自小不允许我们保持自己的真性情,我们就会认为:只有改变自己的个性和习惯,变成一个虚假的自我、一个父母能够认同的人,才能得到父母的庇护。于是,我们不再为自己而活,真面目就这样被掩盖了。

如果我们的父母缺乏觉醒意识,那他们在教养我们时,也会使我们羞于表达真实的自己。不管何时何地,我们都会因为张扬了真实的个性而感到惭愧。当我们偏离常规而走自己的路时,如果得不到父母的认可,那我们就会认为自己对生活的本能反应都是错的,在面临抉择时也会摇摆不定。

负疚是一种阴暗的情绪,它冻结了我们的真实声音,带给我们一种不安、不踏实的感受。带着这种印记成长起来的孩子不会相信自己内在的智慧。因此,他们要么一直带着愧疚感窒息地生活,要么力图将这种感觉转移给他人,对他人横加指责或评判。

带着这种情感的印记,我们在观察世界时会不由自主地怀有如下的自我暗示:

我的自我表达能力欠佳;

我不需要很多幸福感,因为如果我很幸福,就等于抛弃了那些不幸福

第 10 章
摆脱旧日创伤，做健全的父母

的人；

我不配自由地表达情感；

我是导致父母痛苦的罪魁祸首；

我让父母不舒服了，我真坏。

带着如此印记成长起来的孩子在成为父母后，也无法唤起自己的真性情。他们会抱着一种负疚感，好像一旦去追求自己的真实目标，就会令他人失望。如果父母怀有这样的心理，就不会允许孩子去自由地体验属于自己的生活，因为他们本人从来就不知道自由为何物。由于这类父母不相信自己的能力，所以他们既不善于约束孩子，也不善于包容孩子。他们的孩子往往会被宠坏，同时会对自己应受的限制心怀不满。

我们不能做自己吗？

我们已经看到了，为了赢得关注，那些受到父母伤害的孩子都会戴上一副面具。他们不能拥有真实的自己，不能表达自己真实的需求，因为他们必须满足父母的自负感；他们不敢发出真实的声音，只能间接和迂回地满足自己的种种需求。他们把自己视作受害者，把自身的感受转移到他人身上——因为责怪他人能让自己获得解脱——然后摆出一副"我真可怜"的姿态。当这样的孩子长大后做了父母，也不会允许孩子做真正的自己。如果孩子胆敢做一回"真我"，这些父母就会在孩子面前扮演受害者或牺牲者的角色，令孩子感到内疚——没有什么比试图做自己更令父母伤心的事了。

让我来说说玛莎的故事吧。玛莎是 8 个兄弟姐妹中的一员，她从小就发现父母的精力不得不分配给很多孩子。她感到不满足，进而发现，如果想获得父母的更多关注，就得有点儿特殊的表现。于是，她好几次试图扮演音乐剧中的角色，努力地表演以压住兄弟姐妹的风头。有时候，她会变得疑心重重，总觉得这里痛、那里痒。但不管她怎么努力，现实却是严酷的；因为父母要管8个孩子，分给她的关注也只有那么多。

就这样，总是觉得不对劲的玛莎长大了，变成了一个愤愤不平的妇人。她嫁给一个男人，他对赚钱比对她更有兴趣。因为丈夫在外面拈花惹草，玛莎只能独自抚养儿子。由于缺乏情感寄托，儿子内特就成了她的宇宙中心。她把儿子视为满足自己心愿的对象，将他培养成自己心目中理想伴侣的样子。

内特的朋友们都羡慕他得到了母亲那么多的关怀，却根本不了解他其实并不幸福，因为他承受了太多的压力。玛莎希望儿子做一个了不起的男人，因为她的丈夫和父亲都不能让她满意。而内特每每想要摆脱母亲的束缚、去过自己想要的生活时，都会感到歉疚。

玛莎在儿子面前最大限度地扮演着牺牲者的形象。每当内特与她意见不一致，她就会强调自己为儿子付出与牺牲了多少，以及自己是如何将全部生命都奉献给了他。她利用眼泪和哀伤控制了儿子，内特的父亲甚至抱怨儿子从自己手里夺走了妻子。

内特感到自己对母亲有所亏欠，似乎他有责任让母亲感到幸福，唯有如此才能弥补玛莎的父母和丈夫给她留下的缺憾。于是，内特深陷其中。他放弃了出国留学的心愿，不敢出远门，只敢与母亲看得上眼的女孩子约会。因为他担心自己如果离家太远，玛莎会受不了。他误以为自己是母亲唯一的救星，于是沦为母亲"牺牲情结"下的又一个受害者。

后来，内特终于坠入了爱河。但他的女友与玛莎一样控制欲很强，并且也能唤起他的负疚感，如同玛莎所做的那样。母亲和女友之间的竞争也就成了不可避免的事情。等到内特做了父亲，玛莎愈发感受到了威胁。于是，她不断地同内特博弈，重新使用童年时采取过的手段去博取关注。比如，她整天疑神疑鬼，认为自己生病了。玛莎竭尽所能地获取儿子的关怀并乐此不疲，加上内特没有能力摆脱母亲，最终他的婚姻也出现了裂痕。

许多女性特别容易陷入这种"牺牲者"的情结之中。我们会不自觉地相信自己可以照顾好他人，并会为自己的行为编造出一种使命感。当一切最终无法令我们满意的时候，我们就会在主观上把这种不满夸大，然后将我们照顾、关怀的对象同我们自身捆绑起来。拥有且主宰自己的情感世界并对它负责，我们也许对此望而生畏，于是便会用间接的方式来表达自己。比如，我们宣称自己对他人充满关爱，其实只是借此来强调自己的价值。换句话说，我们为他人服务的目的只是填补自己的空虚。

这样做的结果是破坏性的，我亲眼见过许多孩子在不明智父母的掌控下变成了受害者。我建议，我们要放低身段，不要做一个发布许可令的专制家长，而要时刻提醒自己："我不应自认为对孩子的精神世界拥有评判权，我应当解放孩子，让他不必事事征求我的认可，也无需为我的不认可感到害怕。一旦孩子赢得了这份权利，我就应该自由宽松地给予他认同。我需要用智慧去发现孩子身上的火花，哪怕他看起来很普通。我渴望拓宽自己的眼界，做到既不用成绩去衡量孩子，也不设定某个目标去限制孩子。我渴望每天与孩子从容优雅地相伴，仅仅陶醉于孩子本身的存在。我要明白自己的平凡无奇，但又能欣赏其中的美好。我的存在不是为了对孩子的本真状态进行评判或认可。我也不应当决定孩子的生活轨迹，而应成为他们的精神伙伴。我的孩子富有无限的智慧，一定会按照他固有的方式大放异彩。孩子的精神世界会体现在他的种种言行之中，对此我必须用真实的自我予以回应。"

"不良"行为其实是在寻找自身固有的美好

托尼是我的好朋友，他富有觉悟和创造力，为人练达，但也有一颗饱受折磨的心。他是双胞胎兄弟中的哥哥。10岁那年，他被送到另一座城镇，同祖母住在一起。他回忆说："我的父母就那样把我送走了。第一天我还好好地上着学，可第二天母亲就为我收拾东西，说我对弟弟构成了负面影响；因为我在他面前表现得太强大了，以致他对我有恐惧感。"

托尼的母亲向他保证，他只需要离开几个月，等他的孪生弟弟恢复自信就好了。"你比较强大,"母亲对他说,"你一向都是,你不会有问题的。"结果,几个月变成了一年半。

"我每个月见父母一次,"托尼回忆道,"他们总是告诉我,'弟弟已经走出阴影了,很快就能自强自立了。'然后他们就走了,直到下次见面。尽管他们总是说我很坚强,我会没事的,但其实我没那么强。为什么非得是我离开家?从那时起,我决定再也不做'强大和毫无问题'的人了。"

托尼开始付诸行动。他故意做出一些不良举动以博取注意,指望这样能使父母一碗水端平,给予他同样的关注。但恰恰相反,他的举动惹怒了父母。他们威胁他说,如果不好好表现就永远不接他回家。"但我的情况却更糟了,"他难过地说,"我陷入了毒品和酒精之中,还辍了学。当这一切发生后,他们依然只顾着保护我弟弟,从来不曾解救我。结果,我从一个'没问题'的人变成了一个'坏'孩子,至今还戴着这顶帽子。如今,如果我向他们解释自己并非天生叛逆,而是因为只有那样才能吸引他们的注意,他们就会笑我。他们告诉我,之所以把我送走是因为我一向表现比较差。也许他们是对的,我从一开始就是个坏孩子。"

叛逆角色的形成可能源自几种家庭动力机制。但从根本上说,这是一个接纳的问题。在最典型的案例当中,父母要么就是太过刻板专制,要么就是太过纵容溺爱。孩子感到骨鲠在喉,无法表达真实的自己,同时也被父母的期望压得透不过气来。所有的"不良行为",都是孩子在变相地呼喊与求助。孩子想传递的信息,无法通过正常的途径得到满足,因此只好诉诸极端的手段。还有一种可能就是,孩子会百般逢迎家长的要求,他们成了"小明星"或"承欢者"。

由于"不良"行为会引起父母的巨大恐慌,所以我们会警告孩子或用羞耻感来约束他们,甚至用回避的方式期望他们悔改。然而,他们绝少改变。相反,我们一直在纵容他们的行为,直到事态失控为止。当孩子由于负面行为而受到负面关注时,他们会发现只要自己的行为足够坏,总会引来父母的关注。

有些遭受家庭否定的孩子，会伴随着家庭的失败成长起来，成为接受负面因素的容器。理疗师把这类孩子称作家庭病症的凸显病人。如果父母自身没有"阴影"，那他们注定会把遗留下来的"阴影"投射到孩子身上，于是孩子就成了家庭问题的替罪羊。有时，这些阴影还会笼罩不止一个孩子。他们会带着沉重的负罪感长大，并认为自己天生就是坏孩子。

当这类孩子做了父母，他们要么会将自己的"不良"感觉投射给孩子，要么会将其投射给配偶，使得他们都笼罩在"不良分子"的角色之中。如果这类父母对自身的叛逆极为敏感，那么也会对孩子表现出来的叛逆迹象极为警觉；而这会导致他们要么太过纵容，要么太过严苛。他们不会意识到，这样两个极端所带来的后果都只能是叛逆。

缺陷不能反映真实的自我

痛苦也好、心碎也罢，不论它们呈现出怎样的特征，都不是本真的自我，也不曾触及我们的本质。因此，不论以往发生了什么，都无法改变我们的本质。

尽管我们生命中存在各种痛苦，但本真的自我带着其固有的爱心和欢乐，从来不曾离去；尽管有时它会停止发展，并隐藏起来，却从来不曾泯灭。通过与孩子的情感交流，我们可以找到一条最佳的途径，由此发现自己的本真，修复受伤的心灵。这不仅会让孩子受益，也会令我们自己受益。

很少有孩子会那么幸运，因为很少有父母能在教养过程中唤起他们内心的欢乐。那些有福气的孩子，他们的成长过程是轻松的，并理所当然地认为生活是美好而充满智慧的。他们知道生活没什么可惧怕的，只需拥抱它就好。这些孩子见证了父母对内心世界的驾驭，于是也学会了驾驭自己的内心世界。

第 11 章
真实基础上的家庭

父母应该保持耐心,不强迫孩子参加各种活动,也不着急给他们灌输各种知识。孩子心灵中固有的智慧会引导他们选择自己的命运。

父母只有守住本真而不去计较做了多少事,倾听自己的心声而不受外在因素左右,才能使亲子关系不受焦虑和变故的干扰。

我们之所以会忙碌于各种事务,会给孩子安排没完没了的活动,是因为我们想借此来回避内心对死亡的恐惧。

父母应该将孩子的童年看作是播撒种子的季节。孩子有权选择给什么样的种子浇水,他们心灵中固有的智慧会引导他们选择自己的命运。

第 11 章
真实基础上的家庭

作为成年人，我们会不断地投入各种行为与活动之中。很多人都会把时间安排得很紧凑。我们的自尊心取决于自己行为的多寡、赚钱的多少、相貌的美丑，以及社交圈的大小。

我们的孩子并不会陷入如此不理智的状态，除非我们教导他们这样做。因此，要想觉醒地教养孩子，就必须反其道而行之，打破某些社会陈规。孩子的成功与否要用另一套标准去衡量。孩子不应陷入各种事务的泥沼中，也不应承受成人世界成功标准的压力；相反，他们应该活在当下，尽情享受最自然的本真。按照这种思路，分数、外在的成功就变成了众多衡量标准中微不足道的一部分。

要想让孩子享受生活中简单的美好，我们就不能给他们安排太多的计划。相反，我们应该允许他们在游戏与懒散中度过童年时光。如果孩子在 5 岁之前就从早到晚被安排得满满当当，又如何能同自己的内心建立联系呢？

事实上，孩子如今的繁忙生活只不过是父母无能与不安的反映，而不是他们自身的需求使然。我们都在不停地"做事"。"做事"不仅包括工作、锻炼、出差等实际事务，也包括我们持续不断的精神活动——对事物进行归类、评判、阐释。当代人的心灵太忙碌了，以致于我们甚至不能以平常心去对待一个人或一件事。结果，当我们面对某个人或某件事的时候，立即就会将自己的成见强加其上，轻妄地评判对与错、好与坏。

不妨看看一些做父母的人是怎样带着焦虑、挫败、气愤、诅咒去面对生活中的不顺遂的；与他们坐在一起，观察他们是如何评判自己的生活经历的。他们的心静不下来，只知道自己身处困境，却不知道除此之外的其他意义。这样的父母会对孩子造成影响，使他们以为可以凭借主观看法给一切事物都贴上好与坏的标签，尤其是那些"坏事"。当我们无法满足孩子的真实自我时，他们将会发现自己体验不到最真实的生活了。

所有这些"做事"的举动，都是为了填补我们自己的不满足感。比如，有一位母亲为了孩子放弃了自己的生活，没完没了地为孩子安排各种活动、张罗各种琐事。表面上，她表现得像一位全身心投入的母亲：带着孩子去上芭蕾课或参加棒球队，时刻忙碌着为他们做饭、打扫卫生。但是，在为孩子做这些事之前，她心里存在着自我情结，所以她的付出是有条件的。由于她的忙忙碌碌是为了安抚自己的心病，所以也就无法用真实面目面对孩子的需求，而只是借助孩子完成自己的梦想。如果孩子不愿扭曲自己去满足她的要求，她就会受不了，并且会用更加不正常的手段去操控孩子，要求他们表现得"好"。

我在苏珊以及她的孩子玛丽与马克身上观察到了这种现象。苏珊原本是时装设计师，后来放弃工作而当起了全职妈妈。苏珊的焦点就是她的孩子们，所以她时时刻刻都围绕着他们转。她非常热情和投入，为孩子们报名参加了许多活动，几乎每晚都排满了。这意味着苏珊必须来来回回地接送他们。孩子的成绩要出色，课外活动的表现也要出色，这成了她的头等要务。由于玛丽是游泳的好苗子，而马克是钢琴天才，所以苏珊格外为他们感到自豪，全心全意地等待着他们成功的那一刻。无论孩子参加什么活动，苏珊都是第一个到场的家长，只有那一刻她才能感受到自己身为母亲以及身为一个人的价值。

后来有一天，玛丽的心理导师打来电话，说她患了贪食症。小姑娘很

第 11 章
真实基础上的家庭

颓丧,生怕被母亲发现,不停地说:"求你别告诉我妈妈。她会恨我的,她会对我失望的。"玛丽患贪食症的时候只有 9 岁。因为她希望自己穿着泳衣的时候能显得瘦一些,结果压力之下变得越来越能吃。

从那时起,苏珊决定给孩子的生活来一个急刹车。她平生第一次开始考虑,无休无止的活动会不会对孩子的心灵造成负面影响。此前,她一直以为自己为孩子尽了最大努力,却从未想过如此巨大的压力会带来副作用。她怎么会知道呢?当她还是孩子的时候,用不着参加那么多活动;父母也没有给予她那么多关注,因为他们总在旅行,一出门就把她交给保姆。苏珊为孩子所做的事情是她的父母从没为她做过的。所以,她一向认为自己是个很投入的母亲。具有讽刺意味的是,她期望给孩子一个自己渴望却没有得到的童年,但孩子却同她当年一样感到孤单和被忽视。对苏珊的孩子来说,他们已经将自己的各种感受埋葬在了形形色色的活动之下;因为他们感到,为了母亲必须要好好表现。

由此可以发现,如果我们用做了多少"事情"来衡量孩子,那么他们在生活中一旦遭遇挫败,就会感到自己失去了幸福。

我们是否意识到焦虑是一种"有所作为"的形式?

当我们缺乏保持真实自我的能力时,最常见的掩盖方法就是焦虑。

如果父母带着怀疑、犹豫、悲观的情绪面对自己的处境,无法平静地面对现实,总是焦虑地想要知道未来会是怎样;那么,孩子也会用同样的方式应对生活。因为他们看到父母"愁眉苦脸"地面对困难,而不是用困难去考验自己的坚韧,所以他们在面对困难时也会带着同样的情绪。焦虑经过传递,会使得后继者产生一种"受害者"的心态,并产生一种扮演"牺牲者"的欲望。

相似地,当父母在同当下的情状发生互动时,如果总是沉浸于以往的失落感,那么孩子也会透过同样的镜片去看世界。这种失落感造成的结果是，当我们环顾周围的世界，独独会盯着那些我们认为自己所缺失的东西。我们如此不习惯于体验富足感，以致于看不到整个世界是多么地充实丰富。

焦虑感有多种不同的表现形式，我们每个人都不同程度地体验过。有些人的焦虑感表现为"追求完美"，他们会把自己"钉死"，凡事都盼望得到所有人的认可。焦虑感会迫使另一些人走向另一个极端，生出叛逆的精神。我们依然认为追求完美是正当的，依然渴望修复自己，依然渴望认同，但我们的具体行为却为这些念头蒙上了阴影。

焦虑感最突出的表现形式是控制欲。当我们无法表现出真实的自我，就会放弃同真实状态的紧密联系。失去了真实，我们或者会通过屈从他人的意志试图确立某种"掌控着自我"的感觉，或者会通过支配他人获得一种掌控局面的感觉，尤其是对我们的孩子。为了缓解焦虑感，我们不由自主地想要掌控生活的状态，勉强地设定事情的结果，勉强地驾驭我们身边的人。

担忧使我们产生一种错觉：似乎"做点儿什么"就能带来安慰。我们被这样的假象欺骗，认为只要有所为就至少还能掌控一些东西。当精神上感觉"有所作为"时，我们就感到自己真的有所作为了。但是，由于担忧的焦点在于未来、在于那些尚未形成的事物，所以它会误导我们，使我们不能在当下真正地有所作为。真相就是，担忧是我们畏惧"当下"的一副假面具。

自相矛盾的是，我们越是焦虑，就越是害怕**直面**自己的处境，而那或许会将事态引向更好的结果。事实上，当我们仔细探究自己的焦虑感，就会发现它的确是一种消极的状态和一种干扰人的因素；它会使我们头脑中充满各种忙碌的念头，虽然这些念头貌似是对生活中各种情境的积极反应，却产生不了任何现实的作用。虽然我们试图通过思想去获得主导权、掌控权，或者力图将自己的思想强加于人，但却极少采取妥善的行动去改善处境。

第 11 章
真实基础上的家庭

当我们对现实心生妥协，进而产生焦虑感，其表现形式将会是多种多样的。探究其中的一些现象是有意义的。例如，当生活没有按照我们的期望发展时，我们就会产生一种"超然"的感觉，好像这些事情只可能发生在别人身上，而不会发生在像自己这样"特殊"的人身上。我们对自己说："这种事情不会发生在我头上，也不会发生在我的家里。我不相信所有家庭都要经历这类事情，我希望生活给予我更多馈赠。我花了这么多力气，不应该得到这样的结果。"

当事情不如意的时候，一些人会沉浸在一种"受害者"的情结之中，将自己视为"殉难者"。我们会把自己视为不幸的人。"这种事总是落在我头上。我总是个输家，永远赢不了。"我们甚至会觉得人人都在和我们作对。沿着这个方向走下去，我们会认为整个世界都不公平、不安全。我们会在心里嘀咕："人人都只关心自己，世界充满竞争。我讨厌这个围着金钱打转、没有爱意的世道。人人都那么邪恶、残酷，互相图谋报复。谁都不能相信，因为人本身就不可信。世界就是人间地狱。"

有些人会责怪自己运气不佳，这使得他们更加伤心。他们会告诉自己："哎，都是我的不对，我把糟糕的事情带到了自己的生活里，我就认命吧。"他们也许会把成为受害者的原因往外推："他们从来没有真正爱过我。他们应该给我更多的关心。他们导致了我的失败。他们为何不多听听我的话？"

带着这样的心态，一旦面对生活中的挑战，我们的感觉将会是束手束脚而不是勇敢拓展。焦虑感导致的是失望、心不在焉乃至失败，士气和动力继而低靡下去，接着就会导致更深的焦虑和麻木感，形成一个恶性循环。由于害怕失败，所以我们也害怕对生活太过投入，于是设置了一个又一个障碍。在严酷的处境面前，我们的眼里只有问题，而没有解决办法。

许多人受"我不行"的心理影响太深，会反复地给自己制造破坏性的局面。举例来说，我们会拖到很晚才开始复习备考。当我们为自己的拖拉付出严重的代价后，又会推说这是因为自己"缺乏能力"。或者，我们会虎头蛇尾地做事，因为我们不仅会在干扰面前屈服，而且还会在途中为自己设置障碍，然后越发认定自己没有能力。即使有时我们作出一些积极的转变，也会对这些转变心生厌烦，因为我们对它们感到陌生；由此我们心里生出更多焦虑，于是放弃转变，走回老路。我们相信，在进入某一种处境之前应先了解其结果，所以我们只有在确信一件事情的结果时才肯动手去做。假如没有确定性，我们就会感到太脆弱、太冒险。

如果父母对生活的反应主要是焦虑，那么他们的孩子同样会把这一套心理机制传递给自己的儿女；除非他们能实现足够的觉醒，认真地审视自身，然后用觉醒的力量驱除上一代的影响。否则，下一代的孩子会本能地将生活视为一种威胁。他们会从父母那里学到恐惧，而恐惧的对象恰恰是最能赋予他们力量的天赐之才；这种天才能帮助他们斗志昂扬地面对生活中的危险，并且是他们"理解世界"的信心之基。一旦孩子怀疑自己，就会产生错觉，认为应该为生活中的某些事情感到忧虑，或对某些事情表示厌弃，否则就会沾上霉运。

这样的循环会一代一代地传递下去。唯有当我们发现**担忧其实是恐惧当下的面具**时，它才能被打破。一旦回到当下、回到现实，我们的孩子就可以凭着固有的智慧重新建立起对生活的信任。

我们恐惧当下的根源是什么？

我们许多人都害怕那种独自坐着、体验孤单的时刻。赤裸裸地直面孤单会让我们恐惧。于是，我们会用各种计划和琐事来填补时光，这也正是我们会给孩子安排那么多没完没了的活动的原因。

当然，这种恐惧的根源是我们对死亡的恐惧。这是谁都不愿接受的现实，于是我们在生活中总是回避它。一旦触及这个敏感的词，我们就会在生活中制造一些躁动和戏剧化的场面，以此来强化"生"的感觉。我们之所以会控制孩子，同伴侣争吵，在工作场合人为地制造些不愉快，都是出

第 11 章
真实基础上的家庭

于这个原因。通过各种"活动",我们强调自己依然"活着"。假如没有这些活动,我们就会担心自己一无所有,变成行尸走肉。走向空虚静寂是我们最大的恐惧。

我们相信,生与死是一个线性序列的两端,恐惧由此而形成。这样的想法引发了焦虑,又伴之以一种错觉,认为我们必须全力以赴才能不辜负生命。但是,如果我们换一种看法,将生与死看作是一个连续的过程,也许我们就不会那么执著于"此生"了。这样一来,我们自负的状态就会有所松动,就能开始正视真实的自我。

尽管我们试图回避生老病死的规律,但内心都知道生命是极其脆弱的。我们都不得不承认这个事实。尽管直面死亡是痛苦的,但对自己保持真实是一件好事。接受生命的脆弱,生命的每时每刻反而变得更加有力。我们不再为了回避这个问题而人为地制造情绪化的戏剧,而是从容地面对生活的本来面目。

由于对死亡怀有恐惧,于是我们变得自负,我们心中的"我"变成了一个与世隔绝的单细胞生物。相反,一旦我们接受了生命的无常,就会在每天上演的生活奇迹中重新觉醒,为人父母的旅程也由此开始充满生趣。珍惜孩子存在的每一寸光阴,我们便会体验到为人父母的种种乐趣,即便是那些最平凡的经历也不例外。我们不会再为那些毫无乐趣的事情浪费时间,也不会再为无关紧要的物质世界浪费精力,最要紧的是建立自身同生活的切实联系。

生活的旅程最终只是我们自己的事,要接受这件事并不容易。当我们真正直面独一无二的自己之后,会害怕那种孤立隔绝之感。这是因为,我们越是对自己感到陌生,就越不能充分滋养自己的灵魂。殊不知,只有通过这条独一无二的道路,我们才能体验个人理想与生命本质的完整。

我们的孩子能够引领我们进入真实的状态,这是他们**与生俱来**的本领。他们的直觉会告诉他们如何同自己的身体相处、如何同自己的心灵沟通。他们完全清楚如何应对现实中的需要,而且其应对之道是我们这些成

年人办不到的。所以，我们往往能通过孩子学会怎样真正地生活。

一般来说，我们害怕向真实的生活屈服。这种恐惧感使我们不愿调整状态去应对生活。不过，向孩子缴械却是很重要的一步，唯有如此我们才能在他们的成长过程中倾听他们的灵魂。要想做到这一点，我们就要撇开原有的反应、智能、技巧，朴素地同孩子的本真进行交流，真心对真心。

超越"有所作为"的生活

当代社会的巨大病灶在于，我们无法找回自己的本真。我们太焦虑、太迷惑、太缺乏安全感。为什么呢？因为我们脱离了自己的本真。如果我们能够同内在的自我建立联系，那我们就不会自相残杀，不会像现在这样破坏地球，也不会陷入对权力的疯狂诉求。如果我们能朴素地回归自我，那么控制欲就会让位于一种统一和谐的情感，每个人都会获得自我满足。通过对内在自我的关注，我们会自然而然地敬畏生命，同情万物，尤其是对那些弱者。

当我们认识到孩子焦虑的症结不在于外部世界而在于心灵深处，我们就不会鼓励他们去追求外在的满足，而是会引导他们激发自身的想象力。如果我们是觉醒的父母，就应该保持耐心，既不强迫孩子参加各种活动，也不急着给他们灌输各种知识。我们不该将孩子的童年看作是果实即将成熟的季节，而应将其视为播撒种子的季节。我们要明白，孩子有权选择给什么样的种子浇水，他们心灵中固有的智慧会引导他们选择自己的命运。换句话说，觉醒的家长会坚定无疑地相信孩子的直觉。觉醒地生活意味着关注过程而不是结果，意味着我们从错误中汲取教训的勇气而不是某一项活动本身的完美。要明白，唯有当下才是最紧要的时刻。要相信生活是一位恒久的、明智的、欣然的老师。

要想生活在真实的状态中，我们就需要同内心的律动建立联系。当我们从笃定的内心出发，一切活动就都成了内心深处动机的写照。由此出发,我们不会再苦苦地追逐一个又一个目标,而是会致力于发掘内心的宁静祥和。这种内在的安宁反映的是当下,而活在当下是觉醒的核心特征,只有这样的父母才能拥有一颗接纳与倾听的心。

身为父母,我们只有学会守住本真而不去计较做了多少事,学会倾听自己的心声而不受外在因素左右,才能使亲子关系不受焦虑和变故的干扰。当我们摆脱了自负的忙碌,转而关注真我,我们的世界观也会随之改变。我们将会发现,自己不再计较各种欲求,而是专注于奉献;不再感到内心匮乏,而是体验着富足;不再感到纠结,而变得从容自如;不再沉溺于过去,而是专注于当下。

尽管这只是父母觉醒过程中的基本步骤,但要想迈出这一步却未必容易。我们执著于"做事",因为我们发现,孩子在社会上的"表现"远比他们的真实状态更容易吸引我们的关注。但当我们调整自己的角度,去感受一下朴素真实的快乐,那么所有的活动都会从这种童真的状态下溜走。我们会不由自主地赞美孩子身上的美好品质,比如真实、敬畏、欢乐、安宁、勇气以及信任。

当我们为孩子的最终目标作出投资时,等于向他们传递了"时间就是金钱"的信息;而不是告诉他们,一旦体验到当下的每一刻,时间就是无限的。生活在真实状态下的父母则会教导儿女,不要为了金钱或面子生活,而应为了自己内心的动机努力生活,因为那才是他们的精神源头。在零星食物和饕餮盛宴面前,孩子应当感到同样的满足喜乐。他们不应执著于身外之物,而应当学会放手。他们不应将自己的意愿强加给生活,而应当学会顺其自然。生活应当被视为一种相辅相成的关系——外部世界滋养着内在世界,内在世界也反馈着外部世界。

活在当下

孩子不会永远守在我们身边,他们迟早要过自己的生活。因此,我们只有短短数年的时间去帮助他们彻底获得内在的觉醒。等孩子独自进入大学，当他们面临压力、情感挣扎或财务危机的时候，唯有心灵才是他们内在的营养之源。要想让他们未雨绸缪，就需要给他们的精神以日复一日的滋养。

很多人以为，一起出去吃饭、度假就是联络感情。其实在一些普普通通的时刻里，比如给孩子洗澡时、围坐在餐桌前时、等公车时、开车时、排队时……我们之间的情感交流更容易擦出火花。我们必须理解，生活中的每时每刻都存在建立联系的潜能；否则我们就会失去许多美好的机会，而无法同孩子更好地互动。

当孩子同我们交谈的时候，如果可能，我们应把一切事情放在一边，给予他们全副关注，盯着他们的眼睛。早晨的时候，别忘了同孩子打招呼，别匆匆忙忙地出门，至少同他们相处几分钟。这一点很重要。在出门之前，我们可以同孩子唱支歌、讲个笑话或做个小游戏。

我们还可以通过其他一些简单的方式同孩子建立一天的联系。例如，在门廊同孩子擦肩而过时，我们可以摸摸他们的肩或握握他们的手。在任何不经意的时刻，我们都可以把手递给孩子，告诉他们我们是多么爱他们。就算碰见孩子逃学，我们也可以亲切地问候他们，彻底地接纳他们，分享他们的故事，而不是斥责他们。在商店里排队或等候红绿灯时，如果孩子还很小，我们可以挠挠他们以示亲昵；如果孩子长大了，我们可以同他们说说这一天是怎么度过的，或问问他们这一天过得怎么样。当孩子不在家的时候，我们可以给他们写封信或留一张简短的便笺，告诉他们我们很想念他们、牵挂他们。欣赏孩子的幽默感是很重要的，确保我们每天至少同他们一道开怀大笑一次。每天，我们都应允许孩子教我们一些关于他们自己或我们的东西。我们可以将夜晚看作是一个神圣的时刻，那时孩子可以在我们的臂弯里任性撒欢。如此，临睡前的时光就变成了我们互相接纳的仪式。

我们都是独一无二的个体，所以如何建立自己同孩子的纽带关系要因

第11章
真实基础上的家庭

人而异。关键是要量体裁衣，适应每个孩子的固有节律。当我们跟随孩子的自然节律活动时，会发觉自己更加活在当下、更开放、更投入。

观察孩子，尤其是婴幼儿，我们会从中发现保持觉醒的生活秘诀。孩子都会自然而然地生活在当下。尽管婴幼儿的自觉意识还极为淡薄，但他们身上恰恰最富有觉悟生活的元素。何以如此？因为他们对生活的回应是真实而不加矫饰的，没有恐惧、负疚、虚荣等自负心理的羁绊，也没有控制的欲望。如果我们缺乏觉醒地将他们养大，就会将他们从这种自然状态中剥离出来，使得他们为了未来而承受压力。一旦我们将他们带离当下，就会带走他们的自发意识，代之以预测的生活习惯。

年幼的孩子尤其善于在每一寸光阴中不断地发现自我。他们天生具备胆量，能够涉入生活的激流，随机应变。他们见到一朵花便会驻足凝视，望见云朵就会放下手头的事而去欣赏它的形状。由于他们富有无限的想象力——源于他们丰饶的内心世界，所以他们可以在沙地上玩几个小时，而无需通过玩具或机器去寻求娱乐。他们对自己的身体永远有着清醒的意识，不会因为身体的需求而感到羞耻，所以他们饿了就只管去吃，困了就只管睡觉。

完全活在当下而不受其他因素干扰，听起来或许有点儿吓人。因为我们不能依据以往的经验来解读当下的状况，只能用小孩子的方式来对待生活中每一个崭新的时刻。我们有一些相当聪明的方式，用以掩饰自己如何沉溺于过去以及如何为将来而挣扎。后悔、自责、内疚、恋旧等字眼听起来不错，然而它们都是有关过去的困扰。同样，担忧与幻想未来、过多地计划与安排听上去也不错，但它们其实是有关未来的困扰。

当我们被过去或将来的事遮蔽了双眼，就会错失眼前的机会。过分拥挤的心智、条分缕析的思维会令我们忽视最明显的事物。在毫无意识的状态下，我们就已经同真实的自我相互分离，并同他人产生了隔膜。真实的自我唯有在当下的觉醒状态中才会有所发展。要想把孩子培养得有觉悟，父母就应该活在当下，这是最基本的一步。无论眼前的一刻是多么凌乱不堪或痛苦难耐,其实都并非现实本身,而是我们对它的臆测使得我们想要逃避它。

无论经历过什么或将要发生什么,至少在眼前的一刻,我们可以对孩子另眼相看。此时此地,我们要建立一种新的觉醒意识。纵然每天只有片刻觉醒的机会,我们也能够借此影响孩子的命运。觉醒并非一件不成功就归零的事。我们保持觉醒的每一刻都饱含着巨大的力量。较之昨天,我们同孩子建立联系的每一刻都意味着进步。

第12章
平凡的奇迹

孩子善于用身体、精神、心灵向真正的自我作出回应，父母有义务在精神上为他们提供自由。

父母应鼓励孩子倾听内心深处的呐喊，享受探索新知的乐趣，品味掌握技能的喜悦，体验勇敢冒险的滋味。

当孩子发现父母从不刻意追求什么，活得真实而纯粹时，他们也会发展出同样的心理素质。

孩子天生善于想象，他们的创造力是与生俱来的。他们可以将一间空屋子变成一张梦幻的画布，可以将最平凡的时刻化为最魔幻的瞬间。

第12章
平凡的奇迹

我们都想让孩子卓尔不凡,因为这会让我们感到自豪。然而,孩子会为此付出怎样的代价呢?

有些父母如此急切地想培养出下一个爱因斯坦、迈克尔·菲尔普斯、朱莉娅·罗伯茨,于是逼着孩子去参加这样或那样的课外活动。我们不仅希望他们做得不错,而且想让他们处处拔尖。我们都知道那种骄傲的滋味:在大家面前宣布孩子是优等生,孩子拿了游泳冠军,孩子是个表演天才或网球精英,抑或孩子被哈佛录取……如果孩子从幼年起就一直被激励着去获得某种殊荣以满足我们的虚荣心,那么这份感觉就会格外强烈地留存于他们心中。

我们之所以如此强烈地希望孩子获得成功,是因为我们渴求从他们身上获得一种被承认的感觉。我们会将他们与同龄人相比较。他们是否比朋友的孩子棒?他们的阅读能力是强是弱?他们的写作能力是高是低?他们在田径或球类项目上有没有优势?我们迫不及待地挖掘着孩子的潜能。

尽管孩子绝不会一出生就懂得父母那些宏伟的期望,但他们却早早地成为了充满竞争的世界的一部分。在他们眼里,世人被截然分为"表现者"和"非表现者"两部分。他们发现,自己的表现要由外在的标准——分数、老师的评语、同伴眼里的形象——来衡量。不幸的是,他们还学会了标签

父母的觉醒

的含义：注意力不足症、广泛性发育障碍、学习障碍、双相障碍……这些都是相对于天赋异禀的另一个极端。他们还发现，自己的行为无时无刻不受到监视；如果他们不能达到某些社会性的标准，就不得不受到羞辱。

当我们告诉孩子他们的成功与否取决于他们的表现时，他们的童年就会被未来羁绊而失去单纯。孩子了解自己是谁以及自己的本来面目，却不足以在成人世界里立足。难怪孩子的童年就这样萎缩了，以致于如今8岁的孩子就有可能被称为双相障碍，14岁的孩子就患上进食障碍或试图自杀，甚至当上了父母……

我们身边充满了焦虑的人，所有人都在匆匆忙忙地奔赴未来。我们几乎没有时间去尽情品味当下的时光，从平凡中体会不平凡。

我们能否欣赏孩子的平凡？

如果父母在自己的童年时代就无法体验到平凡的经历，那么他们日后也无法容忍自己孩子的平凡。孩子在成长过程中将会伴随着巨大的压力，竭力做到不同凡响，其代价则是牺牲纯真。与其将如此大的压力施加给孩子，为何不欣赏他们的平凡呢？我们能在孩子的平凡当中发现不凡之处吗？

有些父母对我说："我们想让孩子在各方面都接受最好的东西，这有什么错呢？为何不该送他们去上芭蕾课、网球课、游泳课？"我并非提倡家长限制孩子的拓展欲望。鼓励孩子开发多种能力是尊重孩子天性的一种途径。我要强调的重点是帮助孩子确立一个观点，即他们的价值感并不取决于他们的成绩。

期望孩子出色是很正常的想法，但前提是即便孩子平凡无奇，我们也会为他们感到欣慰。如果我们拒绝接受孩子的平凡，就等于教他们沉湎于生活的夸张一面。他们就会相信，唯有卓然出众才能赢得掌声与关注，于是便会不断追求"更大"和"更好"。相比之下，如果孩子能理解平凡的价值，就会对生活本身安之若素。他们会欣赏自己的身体、自己的心灵，与他人分享微笑的乐趣，关心他人的权利。这一切都始于父母的教导。

希望我们为了孩子而格外留意如下这些平凡的时刻：

当我们双手紧握、肌肤相触时，
当我们在宁静的早晨刚刚醒来时，
当我们一道在温暖的水中沐浴时，
当我们一起折叠充满馨香的干净衣物时，
当我们全家一起坐下吃饭时，
当夕阳西下时，
当我们关灯享受安宁的月光时，
当我们手把手地教孩子写字时，
当我们充满兴奋地阅读一本新书时，
当我们品尝心爱的食物时，
当我们欣赏自然界的奇景时，
当我们为好友留宿家中而倍感快乐时，
当我们开心地吃到夏天里第一口冰激凌时，
当我们脚踩落叶发出咯吱咯吱的响声时，
当冬日的严寒袭来时，
当我们途经比萨饼店闻到阵阵香气时，
当我们端详图书馆墙上那些说不出的秘密时，
当我们由于找到一枚丢失的硬币而欢呼时。

如果我们的孩子学会欣赏这样的时刻，就不会再狂热地追求那些更多、更大、更炫的事物。当他们成年后，也有能力分辨什么是该关注的，什么是不该关注的。如此一来，他们也就不再受制于我们的期望，而乐于接受自己的平凡，并会从自身出发去追寻期望之物。

"产出过度"的生活谬误

当我们无法做到脚踏实地、从自身出发的时候，就会开始臆造一种外部的生活作为自身的补偿；在那种生活里，一切都是"不得了"的。由于缺乏内在的价值观，我们会产生一种夸大、扭曲、过分解读的需求。

例如，当孩子出了点儿小事故，我们就好像面临着海啸爆发。当孩子有点擦伤，我们就急忙送他们去医院。当孩子考试得了"C"，我们就立即去请家教。如果别的孩子打了我们的孩子，我们恨不得立即将他们一家送上法庭。如果孩子撒了谎，我们就暴跳如雷。如果孩子腻烦了，我们马上就会去买玩具，虽然买回来的不一定比他们拥有的更好玩。等孩子到了13岁，我们又会替他们张罗一场比婚礼还要体面的派对。

当代社会的许多人都相信多多益善，越大就越有面子，越贵就越有价值。他们已经失去了自然应对生活的能力，而把生活也看成是一件大商品。结果，我们的孩子长大后也会相信，生活就是匆忙而又烦躁的。在他们每天的日子里，戏剧化的场面替代了朴实，亢奋的节奏破坏了宁静。他们也会习惯于起伏不断的生活，无法在平凡中安静下来，完全不知道如何在世俗的生活中获得乐趣。

如果孩子能自由地**同自己相处**，就能了解自己真正喜爱的是什么。如果他们被各种课外活动淹没，被一堂又一堂的辅导课填满，我们怎么能指望他们了解自己真正的心声呢？

有一天，我4岁的女儿心绪不宁。她不开心地闹腾着，不停地说自己烦了，没事可做。我本能的第一反应就是要救她，其实是要救我自己！一个"好"母亲难道不该安排好女儿的时间吗？我正琢磨着要不要打开电视，或陪她玩点儿什么，或陪她去公园……同时却又想到：如果我事事操心，她又如何学会自己打发无聊的时间呢？孩子在应对情绪时如果不接受外在的帮助，反而会变得更加坚强。于是，我告诉她："烦躁是正常的，感觉烦躁也没什么不好呀，继续烦吧。"

第12章
平凡的奇迹

她看着我，大失所望，好像我有什么不正常。随后，她咕咕哝哝地离开了我的房间，又自言自语了好一会儿。但几分钟后，我发现她的抱怨似乎在渐渐消退。等我走到她的房间，发现她正抱着娃娃，满足地哼唱着。

孩子的天性是善于想象的，他们善于用身体、精神、心灵向**真正的自我**作出回应。孩子只需要一间空屋子，再加上他们的想象力和一个假想的伙伴就够了。他们不需要昂贵的时髦物件和一间填满玩具的房间，因为他们创造力的核心是与生俱来的。一旦他们与自己的内在核心发生联系，就会为自己所拥有的一切感到开心；他们还会意识到，满足来源于内心而不是外在世界。

随便观察一个年幼的孩子，我们就会惊叹于他们凭空创造的能力。他们可以将一间空屋子变成一张梦幻的画布，可以将最平凡的时刻化为最魔幻的瞬间。有一次，我在车站陪着女儿等车。不一会儿，她就开始玩卖货的游戏了，顾客则是她想象出来的。而我当时却由于公车迟迟不来而陷入心急火燎的状态中，完全想象不出现实世界以外的任何东西。当我和女儿一起去买菜的时候，我总是匆匆忙忙，只想快点儿买完快点儿离开。而她则会欣喜地抚摸每一种蔬菜，叫着说："这个番茄圆圆的，好像我的脸蛋儿；这个茄子的形状就像我的眼泪。"我惊讶地望着女儿，她为什么能看到表象以外的那么多东西，而我却只能看到疲劳和麻烦。

我们的孩子在这个阶段是真正的先锋派、雕塑家、歌手、演员、编剧、发型师、赛车手、时装设计师，也是陶艺师、厨师长、园艺师、画家、科学家。他们可以把整个世界都安放在小小的心灵里。进入中学以后，孩子身上这份创造潜能将会怎样呢？如此汪洋恣肆的想象力消失到何处去了呢？我们对这份失落该担负怎样的责任呢？

通过无数种微妙与不微妙的方式，我们剥夺了孩子无限畅想的能力，把他们限制在我们认可的适宜的范围内。我们告诉自己，这都是为了他们好，但实际上却是为了打消我们自己的忧虑。我们一点点地腐蚀着他们魔幻般的感觉世界，只是为了迎合"现实"。听听我们对他们说了些什么吧：

你做不了赛车手的，太危险了；

首先学会安静地坐好，然后再说什么科学家的事儿吧；

你没有音乐天赋，怎么可能做歌手呢？

当演员是白日做梦的事儿；

我们家可没有人是当园艺师的；

你太矮了，当不了模特；

我想你应该去当教师；

我认为你能当个好医生。

当孩子信心满满的时候，他们满眼都是富足、机会、拓展的世界与冒险的奇遇，对宇宙的美好怀抱着坚定的信念。我们有义务在精神上为他们提供自由，任他们凭着天赋的能力投入到生活中去。打破他们的梦想泡沫还为时太早。让他们尽情地舞蹈，不必担心演出的结果；让他们开心地画画，别太在意作品是好是坏；让他们去上学，别太为他们的成绩担心。当我们为孩子的成绩或业余活动过分担忧时，他们将会因为追求完美的成绩而失去对学习本身的兴趣。此时，我们应有所觉察。让他们在想象中飞翔吧，别告诉他们这样做不现实。

当然，我们也不能忽视孩子在母体内成长的阶段。此阶段对孩子的举止、性情、拥抱生活的能力都有着重大影响。还有，怀孕并非对所有女性来说都是一件值得欣喜的事，这对于正在发育中的孩子也会产生重要影响。因为在怀孕期间，母亲任何身心反应所产生的化学物质都会自然流入婴儿的血液，其中也包括负面作用的荷尔蒙。因此，我们应该尽可能早地开始树立身为父母的觉醒意识。无论如何，走向觉醒的步伐越早启动越好，启动要比不启动好。

只要有机会，我们就应不遗余力地鼓励孩子去倾听他们内心深处的声音，热爱学习的过程，体验掌握技能的喜悦，乐于冒险，即使遭遇失败也要乐观自嘲。这样我们就能教会孩子怎样展示出他们真正的创造性潜能。

不仅如此,他们也将教会我们如何释放自己的潜能。

放弃马不停蹄的"作为"

一个人缺乏重视自由时间的能力是**学习**的结果。我们的孩子在潜移默化之下变得马不停蹄,因为我们教导他们:忙忙碌碌才是对的。所以,他们长大后就无法一个人安详地独处,只有到夜总会去,或和朋友在一起,或忙于工作才能踏实下来。

孩子有能力在各种状态下游刃有余,而不必借助玩具、器物或其他辅助手段。当我们停止干涉时,他们就可以轻易地调整自己,适应从一种状态到另一种状态的过渡。确实,如果我们给孩子安排了数不尽的活动和琐事,就会夺走他们的想象空间,伤害他们自娱自乐的能力。

一旦我们摒除浮躁与喧嚣,为创造力的空间打开绿灯,就会获得意义重大的体验。例如,当我们凝望着美丽的夕阳,心灵也会为之震撼。当我们注视着变幻莫测的彩虹,会感动得无以言表。这类经验就在现实中、就在我们眼前,一切"作为"都应当给它们让道,我们同现实的联系也将因此而被唤醒。

在这样的时刻里,怨恨、敌意、挑剔的态度都将无处容身,我们将会身处无边无际的宁静之中。在我们的整个身体里,以及在一种高度的觉醒状态下,我们得以享受真正意义上的启示,从而获得最真实的体验。

回归根本

要想帮助孩子回归天然的本性,最简单的事情之一就是让他们远离电视,尽量少在任何电子屏幕前消磨时光。我不是说电视或电脑一定对孩子不好,只是想反思它们在孩子的日常生活中到底该扮演什么样的角色。我们应当允许孩子看看卡通片和电视节目、玩玩游戏(尤其是在周末),但

这绝不意味着他们因此而失去了同我们相处的时间。如果电子屏幕变成了解闷消愁的工具，孩子就会渐渐对这种化解焦虑的外在手段形成依赖。

当孩子烦躁不安的时候，电视和电脑不仅能起到创可贴的效用，而且还有可能取代人与人之间的情感交流。就这样，它们夺走了孩子学习的机会，让他们无法静下心来调控自己的情绪。当孩子沉浸在节目与游戏的喧嚣之中时，他们的感觉也随之麻木钝化。电视和电脑很快就成了桎梏，孩子逐渐与它们难舍难分；只要屏幕一亮起来，他们就从中获得了一种奇怪的满足感。

我们所能采取的另一个步骤是：用**体验**代替**购买**。与其给孩子买玩具，还不如带他们去动物园。与其给孩子买电脑游戏，还不如陪他们骑单车。与其在孩子18岁生日时给他们买一辆时髦的汽车，还不如送他们去发展中国家旅行一趟，在那里他们必须得自己赚钱买车。

孩子首先需要的是我们的关心，而不是我们的金钱。我们的关心所带来的价值是用钱买不到的。如果孩子从幼年起就学会珍视同我们之间的感情，而不是我们给他们买的东西，他们就会懂得真实的内心远比外在的物质更重要。一个人终究会优先选择感情而不是物质财富，除非我们侵蚀了他们的本心。

周末的时候，我允许女儿看一个小时电视或玩一个小时电脑。一个周日，我和丈夫都在家中，于是我们决定一起玩一种棋盘游戏。玩着玩着，我发现超出了预计时间，这意味着女儿玩电脑的时间要被占用了。"咱们别玩了，"我建议，"我承诺给你一个小时玩电脑的。"我原以为女儿会冲出房间，直奔电脑而去。但她的回答却令我惊讶而惭愧："我不想玩电脑，我想和你们玩游戏。"其实是我们自己剥夺了孩子同我们亲近的天性。而等他们进入青春期、同我们没有任何交集的时候，我们就该懊悔了。

身为父母，我们不该急匆匆地为孩子购买最新款的游戏、电脑或首饰，尤其是当他们还不到12岁的时候。我们对孩子的最好帮助是鼓励他们过一种简单的生活。如果每当孩子抱怨自己缺少什么玩具，我们就会慌慌张张地承诺给他们买新的，那他们就会相信这些玩意儿确实是必不可少的。但是，如果他们从我们这里得不到反馈，就会学着珍惜已经拥有的一切。

如果我们凡事都沉得住气，孩子就能学会处变不惊。他们会生病、磕碰擦伤，会在学校里打架，会成绩不佳（或干脆来个不及格！），甚至会事事一团糟。他们还会吃太多糖果、忘记刷牙，会把衬衫穿反，也会弄丢手机、摔坏遥控器，或违反我们的规定。这些都是孩子的天性。如果我们对这些问题反应过度，孩子就会跟我们一样大惊小怪；等他们到了青春期，其最坏结果可能是企图自杀。

许多父母会给孩子施加巨大的压力，而有些父母想把孩子从压力中拯救出来。事实上，孩子需要经历一定的压力才能获得成长。当孩子面对压力的时候，我们要学会沉默以待；当他们为自己的缺点感到不安时，我们要允许他们承受痛苦；当他们进退两难、犹豫不决时，我们要跳出圈外……因为所有这些都是孩子成长中的必修课。

在面临压力和紧张的时刻，逃避现实的胡思乱想很快就会消失。因此，教会孩子面对真实的生活、叩问内心的真实感受是至关重要的。这一点同满足自负感恰好是对立的。一旦孩子掌握了自己化解困难的能力，就永远不会感到"营养不良"，因为他们找到了内在的动力源泉。他们能够点石成金，因为他们发现了生活的真谛。

日复一日地培养孩子的创造力，就像是每天给他们提供合适的营养一般，我们等于教会了他们一种最有价值的经验：借助内心的力量去解决生活中的问题。孩子天生具备跳出固有思维模式的能力，而唯有我们的焦虑会让他们怀疑自己内心的声音。

映照孩子真实自我的生活

为了表达独一无二的自我，孩子需要一面映照自己的镜子。他们需要拥有个人风格的房间、个性化的衣橱，以及彰显自我的发型。我们很少会意识到自己限制了孩子的视野，因为我们会教他们在已经踏平的路上行走，而不是让他们自己开辟道路。我们应该让孩子自己决定生活的方方面面，这才是更有智慧的做法。唯有如此，他们的选择才能反映他们真实的内心。

父母总是会说，孩子会作出不明智的选择。请允许我声明一点，我并不主张让孩子替我们决定在哪座城市生活，或他们该上哪所学校，虽然他们可以对这些问题发表自己的意见。有一点很重要，我们不应该把孩子当成是**小大人**，因为他们还无法凭借理智来支配行为。作为父母，我们有责任对事态有所预见。因此，我们让孩子拿的主意、作的决定应该同他们的年龄相适应，要让他们在能力允许的范围内作出明智的决定。例如，我们应给予孩子穿衣的自由，除非他们想在严冬里穿着比基尼出门。他们同样有权对参加什么样的活动发表意见，比如一家人去哪里用餐。还有，我们要给他们充分的自由，允许他们同我们意见不一致。这样他们就会明确地认识到，生活中充满了创造和变化的空间。

如果每个父母都能向自己的孩子传递如下信息，那该有多美好！"你是一个富有创造力的人，让你的想象力自由翱翔吧。带我去你的幻想之地吧，我会欣然前往并陶醉其中。天马行空地想象，无拘无束地表达吧。否则你怎么能了解自己的极限呢？你有能力在宇宙间留下独一无二的印记。你的身体里同时存在着许多个不同的你，所以不要仅仅用一种方法表达自我，让自己过早地受到局限。你所需要的就是做**你自己**，你可以在成长过程中自由地选择表达自我的方式。不用过于担心一项计划的'逻辑'问题。只要你相信它，就去做吧。生活的意义不在于你赚了多少钱，而在于你从自己的所作所为中获得了多少纯粹的快乐。"

也许最重要的就是，你要用由衷的喜悦去激发孩子，提升他们的幸福感。当孩子发现父母从不刻意追求什么，活得真实而纯粹，他们也会发展出同样的心理素质。他们会意识到，自己最终要对内心的真实负责，要学会获取属于自己的快乐。无论何时何地,内心的真实将始终伴随着他们的旅程。

当孩子意识到,幸福的源泉在于守住自己的本心和深深贴近父母的心,他们距离觉醒也就不远了。要记住,人与人之间的交流不该存在外部的干扰。当孩子掌握了这种朴实的生活之道,长大后也会充分享受生活的馈赠。享受生活就是欣赏生活的本来面目,而不是想象着它**应该怎样**。生活本身自然会呈现出它的非同凡响。

第13章
放下那些伟大的期望

年幼的孩子需要充足的空间发掘与表达自身的志趣。父母的任务是愉快地回应他们,用眼神与微笑传递对他们的欣赏与尊重。

如果父母关注过程而非结果,孩子就会响应自身的呼唤,抒发自身的渴望;他们不会为了成功而成功,而会努力追求有意义的生活。

如果父母不把自己的快乐之源建立在孩子身上,孩子就能发出自己的声音,享有自己的空间,满足自己的需求,活出自己的生命轨迹。

父母应该鼓励孩子大胆冒险,并告诉他们,努力尝试的渴望比掌握某种技能更加重要,坦然面对自己的局限比执著于完美更加重要。

第13章
放下那些伟大的期望

常常有人问我:"孩子长大后,你想让她做什么?"这个问题总是令我迷惑,因为我完全不知道我的女儿将来应该变成什么样子。

于是我回答:"她已经**做到**了。我只是希望她做到内心宁静。一旦她懂得了这一点,就会拥有全世界。"

当孩子来到这个世界上,心中充满了"是什么",而不是"不是什么"。如果我们将现实看得一无是处,那么孩子也会相应地对待生活。如果我们总是惦念孩子将会变成什么样子,却对他们当下的状况视而不见,就是告诉他们:你们是不完美的。当孩子看到我们眼里的失望,就会在心底埋下焦虑、伪装、自我怀疑、犹豫不决的种子。于是,他们认为自己应该变得更美丽、更聪明、更能干,或更有天赋。如此一来,我们就剥夺了他们当下表达真实自我的热情。

一天晚上,我替女儿盖被子的时候说道:"我为你自豪。"她问我为什么,我回答:"因为你勇敢地做自己呀。"

当我们赞美孩子表现出了真实的自我,也就是鼓励他们去信赖。我们要激励他们遵循自己的洞察力,并让他们相信:如果他们失败,会得到必要的帮助。我们要让孩子明白,他们无需营造一道安全网,因为当他们表现出真实自我时,安全网就已经自然形成了。我们要告诉孩子:生活的真

谛在于体验，别无其他。这便是我们培养孩子勇气与韧性的重要途径。

作为父母，我们的职责是要像镜子一样映照出孩子完整的自我。他们能在其中展现出自己未来的模样。通过这种映照，我们将会帮助他们意识到，此时此地的他们本身就是了不起的成就。

赞美孩子的本真

身为父母，我们能够轻易地将一些期望强加给孩子，而它们同孩子的本真毫无关系。由于这些期望源于我们自身的处境，我们甚至常常察觉不到它们的存在。但是，这些期望和要求却不能尊重孩子的本真。

如果我们懂得如何尊重自己的生活与感受，就会自然而然地尊重孩子的生活与感受——他们最需要的是不断有机会焕发属于自己的光彩。但是，我们习惯于给他们施加太多压力，以致于他们总觉得自己无法达到我们的期望。如此一来，我们非但不能创造机会让他们熠熠生辉，还为他们埋下了失败的伏笔。

如果我们执著于成功与财富，也就自动将紧张、焦虑的生活方式传递给了孩子。我们催迫孩子，使得他们沦为我们自负感的一种延伸。从始至终，我们会告诉自己，一切"都是为了孩子好"，为了让他们有一个更好的前途。

越来越多的父母会为学龄前的孩子报名参加学业提高班，盼望他们赢在起跑线上。由于我们认识到社交网络的重要性，所以很早就开始监督孩子同谁交往。我们给孩子安排各种课外活动，不是根据他们的兴趣，而是根据这些活动能否为他们申请大学加分。

如果孩子从未静下心来面对自己的本真，而家长又对他们怀有巨大的期望，那么孩子就会极其渴望获得价值认同。此类孩子的家长，往往会在孩子还不满7岁时就为他们准备好了申请名牌大学的计划，并督促他们为达成此目标而努力，完全不曾考虑这是不是孩子最理想的生命轨迹。

第13章
放下那些伟大的期望

当孩子的活动目标被锁定为进入名校，他们也就失去了发展核心素质的机会。他们的价值将完全由成败来决定。一旦无法达成眼前的目标，他们就很可能对自身的价值、天分、生活目标产生疑惑。尤其是当孩子尚且年幼时，他们需要充足的空间发掘与表达自身的志趣倾向。我们的任务则是愉快地回应他们，用眼神与微笑传递对他们的欣赏与尊重，因为他们表现出了纯粹的自我。

无论何时当我们认为孩子只有参加大量活动才能变得优秀时，也许该问问自己是真的想要促使孩子忠于他们的本真，还是想要从孩子的荣誉中获得享受？如果孩子表现得不够完美，我们会不会感到遗憾，因为这触动了我们的缺憾？如果的确如此，那么不管我们表现得多么尽职尽责，也永远无法填补自身的缺失感。结果，孩子长大后也只会通过外在指标——成绩、外貌、职业、财富、配偶、人际交往——来衡量自己的内在价值。

如何为孩子设定目标？

身为父母，我们也许相信自己的职责之一就是为孩子订立一个目标。于是，许多父母在孩子八九岁时就为他们描画了宏伟的蓝图，预想着他们该上什么样的大学以及该从事什么样的工作。我们认定，为孩子设定一个高期望值是我们的责任，因为这样他们就能学会为自己设立较高的标准。我们认为，孩子的潜力一旦被激活，就会生发出无限的奋斗动力。

当我们提供了所有的帮助而孩子却举步维艰时，我们就会追问原因。那一刻，我们往往不会从自身出发找寻答案，而是会加紧催迫孩子。我们认为，孩子表现不佳是由于我们鞭策不力。于是，我们会让他们参加更多的补习班，为他们请家教，送他们去做治疗。

过早过高地为孩子订立目标，会削弱他们的潜力。如果孩子很早就接受了家长的灌输——成为律师、医生、科学家，就会产生一种过度的自身缺失感。如果标杆树得太高，孩子当然会感到自己是个小矮人。

父母会反驳："难道我们不该对孩子抱有期望？不该让他们努力进入名牌大学吗？"

如果孩子没能力进入我们为他选择的学校该怎么办？他们该不该认为，进入州立大学就是低人一等呢？如果孩子有意休学一年而加入和平队，周游世界，学习服装设计，成为僧侣，或者去蒙大拿的农场里学习畜牧，又该怎么办？

恰恰因为孩子是"我们的"，所以才不同于其他任何人，他们最应该得到释放自我的机会。有一次，我在冰场里看到一个美丽的 7 岁女孩，她是个花样滑冰选手。接下来我留意到，她母亲坐在椅子边缘，紧紧地盯着她的每一个动作。我当时想："天哪，我怎么就不能像这位母亲一样，日复一日在这里陪着女儿呢？"后来，我意识到自己永远也不可能像她那样。为什么呢？因为朋友们告诉我，这位母亲之所以这样卖力地督促女儿，是为了完成她自己的夙愿——让家里出一位花样滑冰的"明星"。我为这个母亲对女儿的严厉训练感到惊讶，同时也明白她在某种程度上感到非常失落——为自己，也为女儿。她将自己没能实现的理想都寄托在女儿身上了。

请不要让孩子去修补我们自身的缺损，这一点很重要。我们应该拥有自己的生活，而不是将每一分钟都献给孩子。如果我们能做到任其自然——业余爱好就让它作为业余爱好，只要孩子乐在其中就好——那就不需要孩子去赢取奖牌和头冠了。

我想到一位家长，她曾在我臂弯里哭泣，因为她的女儿进入了一所并不理想的大学。当时她告诉我："她参加的那些课外活动、赢得的那些奖牌全没用了，还不如什么都别做。"这位母亲否定了自己女儿取得的所有成绩，仅仅因为它们没能带来她所预期的结果。

那些各科平均成绩为 101 分的孩子，进不了哈佛大学。那些 SAT 得了 2200 分的孩子会一再复读，以便能拿到完美的 2400 分。许多孩子在我面前哭泣，仅仅因为某一次考试得了 93 分。那些执著于偏见的家长则会

第13章
放下那些伟大的期望

站在哭泣的孩子背后向我辩解:"你不知道作为一个名校毕业生有多么重要。"

这些父母没有意识到,他们一旦为孩子设定了教育、情感、事业的轨迹,也就限定了孩子的发展模式。而孩子有能力自己开创一片天地,那是我们的想象力不曾达到的疆界。正如我们无法为当演员的苗子提供医科生的支持,我们也无法规定孩子的结婚年龄。

虽然有些"聪明"的家长会将自己的专制垄断美化为"引导",但依然难掩言行背后的企图。孩子不是傻瓜。他们知道我们的意图,哪怕我们什么都没说。我们嘴上也许会说:"追逐你自己的梦想吧。"但孩子明白,我们实际上说的是:"追逐我的梦想吧!"

我们不能强迫孩子为进入名校而奋斗,除非那出于他们心甘情愿的选择。的确,对孩子"撒手不管"会让我们感到害怕。也许我们认为,这种置身事外的方式会对孩子有害,其实恰恰相反。

不过,我们确实可以在下述几方面为孩子设定目标:

让孩子发出真实的心声;

让孩子每天同我们真诚对话;

让孩子参与服务他人的行动;

让孩子每天都沉静安详;

让孩子展现想象力、创造力和心灵世界;

让孩子善待自己与他人;

让孩子快乐地学习;

让孩子坦率地表达情感;

让孩子保持一种好奇与开放的状态。

与其为孩子设定目标,让他们变成我们理想中的人;还不如设定目标让他们体现自己的本真,让他们相信自己天生的价值与能力。以此为基

础,他们会自己确立起优秀与否的标准,这个标准能够反映出他们内心最精彩的状态。

对孩子抱有哪些期望才是现实的?

我们有权对孩子抱有何种期待呢?我发现有三个要素:尊重自己,尊重他人,尊重自身安全。在此基础上,孩子有权表明自己想要成为什么样的人,哪怕它与我们的愿望不吻合。不能因为我们是孩子的父母,就要他们抱持我们的愿望,我们的愿望只属于我们自己。

对孩子抱有哪些期望才是现实的呢?请允许我提出以下建议:

不要期望孩子获得多大成就,但愿他们善于学习;
不要期望孩子对我们俯首帖耳,但愿他们尊重我们;
不要期望孩子盲目跟从我们,但愿他们征询我们的意见;
不要期望孩子成为大明星,但愿他们掌握保持本真的艺术;
不要期望孩子跟随我们的愿景,但愿他们创造自己的蓝图;
不要期望孩子获得成功,但愿他们度过有意义的人生;
不要期望孩子一定找到方向,但愿他们发现生活的意义;
不要期望孩子做我们的傀儡,但愿他们成为我们的精神伙伴;
不要期望孩子不经历任何苦痛,但愿他们找到完善自我的途径;
不要期望孩子不遭遇任何失败,但愿他们有勇气重头再来;
不要期望孩子永不伤害别人,但愿他们感悟慈悲、求得原谅。

要想让孩子摆脱我们不切实际的想法,我们必须先让自己获得自由。我们首先是一个人,然后才是一名家长。因此,我们要追求精神上的拓展,要学习许多东西,这意味着我们还有许多尚未被发现的情感盲点。我们都不完美——如果我们足够聪明,也不会去寻求完美。与其致力于追求

第 13 章
放下那些伟大的期望

完美，不如在平凡中愉快地发现自我。

能够从容面对自身的特质，这一点很重要。它可以帮助孩子从我们自负感的桎梏之中挣脱出来，让他们找到自我的中心，而脱离我们的自我中心。我们无需通过孩子来获得更好的自我感觉，因为我们会发现这是一种孤立的体验。我们有能力做到无私，就像我们有能力以自我为中心一样。而且，既然我们有能力给予，那我们也需要接受。

专注过程，不问结果

我们都很清楚，如果一个人从事的是一种很普通的工作，那么科技手段很快就会取代他的职务。展望未来，我们会为孩子今后的生存状况担忧。我们告诉自己，如果他们不能功成名就，将会步履维艰地生活。

如果我们早早地告诉孩子，他们应该为了某项目标而努力，那么学业就会被某种概念捆绑住手脚。参加活动不是为了让孩子获得快乐，而是带着功利的目的。在所有这些行为当中，我们的焦点都是孩子**将会怎么样**，而不是他们**目前怎么样**。

如果我们将目光从未来转向当下，忘掉那些诸如"将来怎么办"的问题，就可以把孩子解放出来。他们就不必担心自己将来会变成什么样子或是表现如何，而可以在不受压抑的状态下学习与生活。由于我们执著于结果，所以孩子也无法学会接纳平凡，应对失败和挫折。

在我女儿 6 岁时，有一次开家长会，所有父母都得报名参加适合自己的会议时段。但我和丈夫都协调不开日程安排。起初我想："孩子的老师会认为我不负责。"后来，我觉得没必要太介意老师会怎么看待我，甚至也没必要介意老师会怎么说女儿。我并不是说老师的意见无足轻重。毕竟，我们都能从他人的观点中获益良多，尤其是从同孩子密切相处的老师身上。但最重要的是，身为母亲，我最了解女儿的身心发展状况；我不需要通过了解她的数学、阅读、写作课程去了解她。我更关注她在**生活**中表现如何,而不是她在学校里表现如何。我情愿多了解她在生活中的**进展**,而不是学习上的**进步**。我最感兴趣的是,她是否善良而富有同情心、情感是否活泼而坚韧、是否幽默并擅长表达、是否率真又自然……我已经在家庭生活中观察到了她的这些特质。我知道,如果女儿做人是成功的,那么她也会自然而然地按照自己的方式和步调处理好学业。在通盘考虑后,丈夫和我便坦然地同老师约定迟些会面。

有位母亲向我透露,她很担心自己4岁的女儿发育滞后。因为尽管她一直辅助女儿使用便壶,但女儿夜里还是会将短裤弄湿。我安慰她别对此过于担心,并让她理解,孩子在某些方面发展得或快或慢都是很正常的事。两周后,这位母亲打来电话说,女儿进步很快,原来的问题已经解决了。她很兴奋地问我,是否该给女儿买个礼物。我答道:"当然。"除了口头表扬,附加的礼物对女儿的进步来说再好不过了。此外,她可以告诉女儿,当初她很担心,不过现在她很抱歉没有早点儿信任女儿;女儿做得很棒,不仅能够自己把握时间表,而且态度从容又坚强。

如果我们仅仅关注目标的实现而不是学习的过程,孩子就会错过很多培养自尊心的机会。我们不应仅仅给他们买个礼物,并说:"干得好,这是奖品。"更重要的是促进他们个性的发展,告诉他们我们为他们表现出来的耐心、决心、勇气而自豪。当他们展现出了从容的行事态度,我们同样应该表示赞赏。不同于我们,他们感觉不到压力,只会尊重自己的身体及其固有的节奏。如此一来,孩子就会因为学习而感到愉快,而不再计较会达成什么样的目标。

一位5岁的小男孩,白天时能够自己使用便壶,但晚上睡觉时就需要尿不湿。他的父亲意识到,培养孩子的自律性是十分重要的,不过他什么话也没有说。在儿子去幼儿园的前一天晚上,这位父亲拿出一块尿不湿。此时,儿子宣布:"我不需要尿不湿!我长大了!我明天就要上学了!"从这天起,男孩晚上再也没尿过床。孩子开发出这样的自律能力,是我们所乐见的。

第13章
放下那些伟大的期望

当孩子因为考试而焦虑,并向我们求助时,富有觉悟的处理方式不是同他们谈论如何应对考试,而是帮助他们应对焦虑情绪。我们需要安抚他们,让他们明白,成绩如何并不重要,享受学习内容才是最重要的。一旦焦点转移到了学习内容和动力上,我们就等于给了孩子一张通行证,允许他们注重过程、拓展理解。而如果把焦点放在成绩上,我们就相当于向孩子传递了这样的信号:唯有结果才有意义。我们都希望孩子不怕失败。但是,如果我们总是关注孩子会变成什么样子,而不是关注他们当前的状态,他们恰恰会感到畏惧。

当我们为孩子报名入学或是收到他们的报告单时,我们得记住,自己的身体语言、口吻、愉快或不愉快的表情都能反映出我们对孩子怀有怎样的期望。我们有没有透露出这样的讯息:只有高分才能博得我们的热烈反应,低分则不会?我们会不会流露出这样的意思:拿第一或得高分最能体现孩子的价值?

我12岁那年,每门功课都得了A。拿到报告单后,我兴奋地一路狂奔回家,投入了母亲的怀抱。母亲以她典型的庆祝方式与我共舞,一道享受快乐。我以为父亲也会同我们一起手舞足蹈、雀跃欢呼。但他却微笑着说:"得A很不错。不过更重要的是,你找到了最佳的学习方式。"我目瞪口呆,肩膀也耸了起来。我母亲对他嘟囔道:"你为什么就不能开心点儿,告诉她你也很高兴?"我当时很不理解父亲为何要如此扫兴。

直到我将近20岁时才理解父亲的话。你瞧,这是他一贯的反应,不管我的成绩如何。即使我得了C,他也一样会说:"得C也不错。不过更重要的是,你找到了最佳的学习方式。"当然,我得到C的时候,他那平静的反应对我绝对是莫大的安慰!他用最微妙的方式告诉我,不必太执著于A或C,而应关注学习过程。

与此同时,我还从父亲身上学到,成功的感觉来自内心而非取决于外在的标准。我也发现,欣然接受学习任务是最重要的。由于父亲的态度明确——取得什么样的成绩都不重要,所以我从来不会对成绩单心怀恐惧。

由于父亲对我的成绩没有很高的期望，我也就没有任何负担；这不仅让我能充分享受学习的快乐，也让我的成绩常常超出自己的预期。

这样的教育方式一定会引发父母的焦虑。我们会担心，一旦没有了明确的期望，我们就会培养出缺乏动力的、懒惰的孩子。然而，僵化的标准却只能造就焦虑的孩子。如果我们关注过程而非结果，那么孩子天生的好奇心就会萌发出来，自发地产生兴趣和动力。如此一来，我们就在他们身上播下了热爱学习的种子，他们也就不会为了赢得我们的认同而去追求好成绩。他们响应的是自身的呼唤，满足的是自身的渴望；他们不会为了成功而成功，而会努力追求有意义的生活。

我们需要教导孩子，不要专注于获得多少称赞或赢得多少荣誉，而要关注自己投入与付出了多少。生活总是能反映出我们的内心状态。孩子需要了解，内心世界的质量终将体现在他们的外部表现上。

使用正确的赞扬

当事情发展与孩子的预期不同时，身为父母，与其把精力浪费在失望和厌烦之中，还不如拿出一种觉醒的姿态，把注意力放在结果之前的过程当中。"看哪，你对自己加深了了解。"我们可以这样说。"你瞧，你能这样做，真是太勇敢了。你有没有发现，当你感到自己快要失败时，还可以再坚持一下？"然后，我们或许可以问他们："你现在克服了恐惧，感觉如何？"这样的方式可以培养出孩子不计较结果的性格。他们会对每一份经历都甘之如饴，因为这些经历富有教益，提升了自我觉悟。

当我们教导孩子不计较分数，而应关注努力尝试的勇气时，实际上也就巩固了他们的内心世界。我们要鼓励他们大胆冒险，持之以恒。我们要告诉他们，每个人都有局限和缺点，这很正常。努力尝试的渴望比掌握某种技能更为重要。我们要向他们表明，坦然面对自己的局限比执著于完美更为重要。如果我们把这些价值观传授给孩子，他们长大后就不会惧怕冒险，就会勇于探索未知的世界。因为他们对可能遭遇的失败早有准备，所以对自己选择的目标也就充满了勇气。

为了帮助孩子意识到他们已经具备的能力与精神财富，我们可以这样对他们说：

你启发了我；

你的存在让我惊叹；

你无所畏惧的精神令我震惊；

你让我屏息赞叹；

你的善良是巨大的力量；

你是一个纯粹的人；

你的想象力与创造力非同寻常；

你的天赋如此之多；

你的内心世界丰富深远；

你让我获益匪浅；

你让我学会如何成为一个更好的人。

孩子在模仿我们

一旦我们明白，对孩子未来的担忧其实源于我们自身的恐惧，我们就会感到释然，也不会再将这种恐惧传递给下一代了。结果，我们会鼓励孩子按照他们真实的感受去为人处世。

我想强调的是，教会孩子进入丰富的内心获取力量并找到目标的最深刻方式，莫过于我们先深入自己的内心世界。如果我们能做到，那么我们的**当下**就会成为最强大的教养工具。

孩子能够察觉，我们是否同有意义的生活紧密联系。当我们生活得心满意足，就会散发出一种能量，它能确保孩子不会被我们用来填补内心的空虚。长此以往，孩子就会形成一种同我们步调相似的行事方式。他们会沉浸在我们当下的状态中，并模仿我们同生活紧密融合的能力。如此一来，只要我们在与孩子的日常互动中表现出自己的本真，就能帮助他们获得充实完满的感受。这也使得他们在任何情境下，都有能力感受生活的丰富多彩。

身为父母，如果我们把自己同孩子放在平等的地位上，也许会感到负疚。当我们向孩子要求独立于他们的属于自己的时间与空间时，或许会感到惭愧。但如果孩子总是看到我们回避自己，比如为了配偶或朋友牺牲自己的需求，他们也会学着低估自己的价值而去逢迎别人。如果孩子发现我们不敢坦然地面对生活、拥抱生活，那么他们也会模仿我们的优柔寡断。因此，我们应该作出表率，安放好自己的情感生活，使孩子也获得精神上的教益。

如果我们不把自身的快乐之源建立在孩子身上，而懂得从别处找寻快乐，就会将他们解放出来，使他们忠于真实的自己。他们会沐浴在我们的快乐之中，而没有任何探究的负担。我们只管做自己爱做的事情，坦然沉静地同内心交谈，善待自己的身体，安排好自己的饮食和锻炼……我们自然平静地料理自己的生活，就是教育孩子重视他们自己的身心。

一位朋友告诉我，她的母亲一直渴望做"最好的"主妇和女主人。每当客人到来，她就竭尽全力地打扫房间，用鲜花四处装饰，准备精美的饮食，并将头发打理得完美无瑕……但当家中没有客人时，她就什么也不会做。母亲两种状态的对比是如此鲜明，以至于我的朋友相信，他人比自己重要得多。她清楚地记得，大约在六七岁时，有一刻她意识到："妈妈仰着身子、如此殷勤地取悦别人，说明对方一定比她自己重要得多，每次她接待客人时都会把自己累得半死。"

你需要教导孩子不要害怕发出自己的声音，享有自己的空间，满足自己的需求。当他们自由地伸张自己的权利、毫不犹疑地表达自我需求时，正是他们光彩绽放的时候。同时，他们也应该有能力给予。真正的给予不

第 13 章
放下那些伟大的期望

是为了填补自身的空白,而是内心丰富的表现。如果一个人内心干涸,便做不到给予。真正的给予犹如不断涌出活水的泉眼。

从这样的内心机制出发,我们应该鼓励孩子按照自己的真实状态投入生活。一旦孩子摆脱了我们的期望、梦想与控制欲的羁绊,就能够自然地活出自己的生命轨迹。我们不再用自己的想象去塑造他们,而是去见证他们独一无二的特质。我们能够做到,因为我们所见证的也是自己独一无二的特质。

由于我们越来越尊重自己的本真,生活里种种不真实的元素纷纷剥落。随着外部世界与内心世界的趋同,其他元素进入了我们的生活,支撑起我们的真实自我。安静地同自己的本真建立了联系,我们由此便能够支撑孩子找到他们的本真。一旦我们学会了真实地生活,当孩子真实地表达与生活时,我们也就不会感到威胁与恐惧了。

第14章
在孩子的生活中创造觉醒的空间

父母应当让孩子学会安静地独处,因为他们需要独自面对精神发展的过程。

如果我们能把与孩子共度的时光都变成故事,就可以帮助孩子编织一片自我的天地,确立他们在家庭与世界中的位置。

如果我们对生活中的小事表现出欣赏与感激,那么孩子也将学会不忽视与轻慢任何经历,尊重周围的一切事物。

鼓励孩子安静地独处将会大有裨益,这样他们就能体验自己内心的状态,学会在无人交谈的情况下获得安宁。

第14章
在孩子的生活中创造觉醒的空间

在从出生到6岁期间，孩子无需考虑振翅高飞或达到生命的制高点；相反，他们需要在游戏和探索中自由地挥舞翅膀，也需要大量时间去休息，甚至什么也不做。

在此期间，孩子可以愉快地认识自己到底是谁，也可以掌握一些小技能、完成一些小任务、实现一些小目标。最重要的是让他们探索与欣赏自己的身体与精神。孩子需要大量自由时间漫无目的地玩耍——与洋娃娃相伴，在公园里漫步，沿着海滩兜风；他们需要几小时不受打扰地吮吸拇指、胡乱涂鸦、玩面团、揉纸球，或是在玩具箱里乱翻；他们需要身着盛装，假扮国王、王后、飞龙；他们需要在房间里乱蹦乱跳，还要被允许犯错误；他们需要时间、自由，也需要绝对跟着内心的感觉走。作为父母，我们应让孩子自行播撒各种不同的种子，看看哪些能生根发芽，结出甘美多汁的果实；而不是单单种下一棵树，然后喷洒激素，收获几筐淡而无味的果实。

当孩子超过6岁尤其是到了七八岁时，他们的精神开始拓展；这标志着一个重要的转型开始了：孩子即将告别自由玩耍的岁月。随着思想逐渐丰富，孩子的生活也变得更加复杂。以此为契机，我们可以为孩子提供重要的帮助与支持，使得他们对自己的经历、感情、处境作出更好的理解。

给予孩子从容发展的空间

生活本身是普通平凡的,在相当长的一段时期内,孩子需要独自面对精神发展的过程。我们必须让孩子习惯安静地独处,否则他们会对自己产生陌生感,与自己的天性日渐疏远。如果出现这种情况,那么孩子独自一人时便会感到不适,甚至极其孤独;而一旦没有人来填补空虚,他们就会直接面对自己沉寂的心灵。如果一个人对此缺乏适应的过程,必定会心怀恐惧。

鼓励孩子安静地独处将会大有裨益,这样他们就能学会在无人交谈的情况下获得安宁。乘车时段是营造这种状态的好机会。为此,我们最好不要在车里放置玩具或视频设备,尤其是在每天固定的行程中,这段时间是培养孩子沉静性格的最佳时机。当然,如果我们的旅程长达数小时,那么带上录像、玩具、游戏则无可厚非。不过,如果是日常出行,那么开车时最好不要打开收音机。同样,如果我们能够不唱歌、不做无关紧要的交谈、不玩游戏,那是最好的。如此一来,我们就能营造出静静观察的理想空间。

如果我们持续受到外在活动的干扰,内心的那双眼睛就无法观察到自己内在的状态。观察力的培养有赖于静坐独处。这并不意味着我们要创造如此多的独处时间,以致于影响同孩子的交流。我们强调的是,孩子要想健康蓬勃地成长,就必须达到"有为"与"无为"之间的平衡、参加与不参加活动之间的平衡。

沉静地独处并不等于虚掷时光,尽管最初他们会感到有些空虚。但这恰恰是充实的时光,我们可以借此体验当下的内心。这样的时刻也带给我们沉思与自省的机会。觉醒的父母不会在这些时刻开小差,而是会深入孩子内心自然、真实的状态。

最近,我开始教女儿冥想。8岁正是深化觉悟的好年纪,当然每个孩子的能力和兴趣会略有差异。由于我的女儿对冥想表现出了兴趣,所以我

第14章
在孩子的生活中创造觉醒的空间

便引导她展开练习。我们把它作为每周一次的家庭活动,主要在周末进行。丈夫、女儿和我一道坐着,大约10分钟,共同进入一种宁静的状态。

我们首先闭上双眼,调整身心以适应黑暗的状态。几分钟以后,我开始说话,通过指令帮助女儿掌握冥想的技巧。我引导她跟随着胸口的起伏去关注自己的呼吸。虽然有意识的呼吸通常要求我们关注气流在鼻孔的出入,但那对小孩子来说也许过于微妙了。而要求孩子凝神于胸前就容易多了,因为人的胸部面积比较大。接下来的几分钟,我们体验着气息出入胸膛的感觉:一起一伏、一起一伏……接着,我静默下来,大约一到两分钟。我任凭女儿伴随着她自己的念头无声地坐在那里,什么也不用做,只管静坐与呼吸。最后的几分钟,我会实施仁爱教育,让女儿明白向世界传播怜悯与感恩的重要性,具体方式是让她存有感恩和慈悲的念头。

此前,我的女儿年纪小,还不适合冥想。我就采用其他手段让她学会安静地生活。我会有意识地同她一起静静地坐在房间里,即便当她处于活跃状态时。我会带她去大自然中散步,任凭她沉浸在宁静之中。每天都有那么一段时间,我会将所有电子产品都关闭,专注地同女儿待在一起。我引导她倾听宁静中的讯息,而不必心怀恐惧。

如果我们引导得当,孩子就有能力调整内心的状态。真的,即使是青春期的孩子也不例外!然而,在孩子变成少男少女之前,我们很容易在他们发难时望而生畏,继而有意地疏远他们。这样一来,他们容易变得更加自闭。少男少女需要父母引导他们回归到宁静的状态,这一点永远也不嫌晚。但是,我们如何才能做到呢?

首先,我们可以安排孩子每周花一个小时参与"沉静练习",比如瑜伽、太极或冥想。我们可以每周安排一个小时,让他们独自去大自然里漫步。我们可以要求他们每周有一个小时关闭电子玩意儿,同我们交谈。我们也可以要求孩子每周花一个小时写一篇日记,还可以要求他们每周安安静静地画一次画或从事其他某种安静的艺术。

我们的孩子有权了解自己的内心世界。只有同内在本质相联系,他们

才能实现这一目标,而父母可以对此提供支持。因为父母同孩子联系得越紧密,他们就越能够同自身以及外部世界和谐地相处。

为孩子创造一个有意义的故事

所有人都在追求完整而有意义的生活。我们希望自己的经历是有意义的。孩子尤其希望我们能帮他们生活得有意义,我们的任务就是帮助他们提炼生活的意义、找到生活的目标。

有一种微妙而强大的方式可以让孩子的生活充满意义,那就是用他们的经验来创造故事。我们在和孩子相处的过程中就可以把生活经历编成故事,因为我们都身在其中。我们见证着孩子大大小小的经历,伴随着他们的所有历险。我们的存在以及同孩子之间的情感联系会给予他们一种秩序井然、条理清晰的感觉。

当我们唤起孩子的记忆时就相当于在讲故事:"记得你8岁的时候,咱们去过动物园吗?你摔了一跤,然后……"将孩子的记忆编织起来本身就很有力量,它可以让孩子的生活富有意义。

讲故事还可以为孩子的生活提供一个解说词般的框架。我指的不仅仅是阅读书里的故事,也包括思考故事中蕴涵的力量;比如像亚历克斯·哈里的《根》(Roots)这样的故事,它后来又被改编成了电视剧。我们可以与孩子分享他们会变成什么样子,他们让我们产生了怎样的感受,他们是多么勇敢善良等。当孩子在故事中听到自己的影子,他们就更容易接受我们试图传递的信息,这远比直接教导更为有效。孩子乐于听到自己的故事,因为他们渴望知道自己小时候是什么样子,又是怎样变成如今的模样的。通过让孩子同这样的故事建立联系,我们可以帮他们编织起一片自我的天地,确立他们在家庭和世界中的位置。

鼓励孩子把每天的所思所想写进日记,是另一种帮助他们梳理经历的方式。周日的下午,一家人或许可以抽出半个小时坐在一起,回顾与分享一周来各自的经历，记录下自己的感觉和情绪。一家人待在一起，心境明达，多么安详和美好！

全家团聚的仪式可以有力地支持孩子的归属感。无论是每晚或每个周末全家一起共进晚餐，还是家庭成员在每个周日早上简单地相互拥抱，仪式都会提醒我们团聚的重要性。当孩子学会依赖这样的仪式，内心就会形成一种安全感。等他们成年后，将能从对这些仪式的回顾中汲取意义。当然，全家人一道纪念生活中的关键事件也很重要，那样的记忆能够塑造和凝聚孩子的精神。

当一家人欢聚或吃饭的时候，如果孩子每每都能听到故事，他们的生活就会富有连贯的节奏而不会出现断裂，尤其当他们面临压力时更是如此。如果能连续几小时听到关于祖辈的故事，孩子的心也会受到感染，变得坚韧而勇敢。

为什么向孩子表达感激是一种有力的教育手段？

我告诉父母："当我教你们学着感激时，其实也是传授给你们一种同孩子相处的最有力的技巧。"

进入敬畏和感恩的境界是孩子一生中最重要的课程。表达感激之情可以提醒孩子：他们永远都不孤独，因为生活本身时刻相伴。这样的感激之情还可以强化一个事实：生活是美好、明智与慷慨的。

每周或每天在餐桌上创造一种仪式，让每个人都能表达他们的某种感谢；这能帮助孩子培养一种技能，让他们由此体会到生命的美好。与此同时，这样的实践也提醒孩子：既然接受了生活的馈赠，就必须回馈生活。的确，这些经历教会孩子不仅要从物质上，也要从精神和情感层面上进行回馈。

我们越是表现出对感恩的重视，就越能为孩子作出表率。如果我们对生活中的小事表现出欣赏与感激，那么孩子也会跟随我们放慢步调，留意自己的生活。他们将由此学会不忽视与轻慢自己的任何经历,尊重周围的一切事物。这种感激欣赏之情还可以培养孩子对生活的担当。

对孩子表达感激之情——仅仅为了他们的存在——是很重要的。我们很少会对孩子本真的存在表达感谢,但却总是希望他们感激我们。身为父母,如果我们能够望着孩子的眼睛、发自内心地说声"谢谢你",那他们的价值感将会得到极大的提升。如此一来,孩子将会明白,他们本身的存在就是一件有意义的事。

我有一位 30 岁的女性朋友,充满了勇气与活力。然而,她同家人在一起的时候却表现得截然相反;尤其是在面对她的父亲时,她会变得麻木不仁。最近,我才了解个中原因。她曾把全家人请到她自己的家里,打算宣布自己要结婚的消息。当时,她的未婚夫是第一次见她的家人。由于他持有不同的信仰,所以她预计这件事会引起摩擦。我观察着她在聚会前的反应:她难以保持平静,提前吃了两片镇静药,又吞下一口威士忌。她毕业于耶鲁大学,是一家律师事务所的合伙人;但在那一刻却变得如此焦虑失态,简直恨不得自己立即消失。

她向家人介绍了未婚夫。当他们了解到他信仰不同的宗教时,她父亲的脸上充满了愤怒。随后,她父亲将她领到一边斥责:"你绝不能嫁给这个人,否则会让我在众人面前丢脸。如果你和他结婚,就别认我这个父亲。从此以后,你就不是我们家的人了。"这位父亲没有祝福女儿的婚姻,也没有表达感恩之心,更不曾欣赏女儿的勇气——爱上了如此特别的人。相反,他嫌弃自己的女儿。他不仅没有从女儿的爱情中获得教益,反而出于顽固的偏见而拒绝接受女儿的选择。

我们许多人不愿给予孩子过自己生活的权利。我们宁愿让他们牺牲自我来成全我们的自负感。我们很少意识到,孩子并没有义务要一辈子效忠父母。他们对我们的忠诚是一种额外的优待,我们应对此心怀感激。

对孩子时时抱有感恩之心,感谢他们与我们相伴,这很重要。我们要感谢他们为我们的生活带来的财富,感谢他们的智慧、善良、热情、活力

第 14 章
在孩子的生活中创造觉醒的空间

与生机。我们也可以教会孩子感恩：拥有可以栖息的家，拥有可口的食物，拥有强健的身体，拥有朋友与家人的陪伴，拥有大自然的美景。此外，我们还可以鼓励他们为自己具备勇气、碰到有趣的事情、拥有回馈的机会而表示感谢。我们要懂得感谢生命中的一切馈赠和教益，它们让我们变得更充实，从而能更好地表达自己心中满满的爱意。

当我们教孩子发现生活中那些最小的事情并对它们表达感激之情时，也就是教他们不要一味地索取，而应意识到自己已经拥有许多了。这可以唤起孩子为他人做好事的愿望，或者说点燃他们为他人服务的心灵之火。

教孩子感恩是为了培养他们心中的虔诚，向他们神圣的本质致敬。要想鼓励孩子树立起庄严的敬意，我们就必须触及自己心中神圣的本质。请允许我提醒一句：让孩子同他们庄严的心灵紧密联系，并不意味着他们需要表现出任何特别的"伟大情操"。相反，我们要清醒地意识到：孩子的本质就是伟大的。身为父母，只有当我们不尊重自己本性的虔诚时，才会迫使孩子去追求某种我们眼中的"伟大"，并使他们认为只有那样才能赢得我们的尊重。事实上，这样会使他们同庄严圣洁的状态渐行渐远。孩子需要明白，要想承认与表达对自己神圣本质的感激之情，并不需要成就什么事情，而是要终其一生同自己本性的虔诚紧密联系。

如果我们不能活在感恩之中，而是受到贪欲的驱使，时刻追求更灿烂、更华丽、更宏伟的生活，以此获得满足感，那么孩子也会受到同样的熏染。相反，如果我们享受着平凡的空气与绿荫，体验着当下周遭每一样神圣的存在，孩子也会对自己所拥有的一切心怀感激。于是，如果收获了更多，我们将会视之为额外的恩赐，而不会对其有过多的贪恋。

第 15 章
让孩子与当下紧密相连

我们必须观察与倾听孩子,真正领会他们言行的意义,并不对他们进行干预、纠正和说教。

要想做到与孩子心灵相伴,我们只需做一个见证人:目睹孩子的种种情绪,鼓励他们直面自己的感受,引导他们驾驭自己的情感。

当孩子提问时,我们不应立即作出回答,而应引导他们充分享受问题本身以及探索发现的快乐。

当孩子同我们说话时,我们应竭尽全力地倾听——不仅用头脑,还要用心灵。即便我们不同意他们的观点,也应表达尊重,始终对他们保持一种接纳的开放态度。

第15章
让孩子与当下紧密相连

许多人错误地认为，在为人父母的过程中，烹饪、做家务、接送孩子等具体的养育职责就等同于和孩子共同活在当下。也许我们能在物质上、身体上、心智上满足孩子的需求，但这并不意味着我们能在情感与精神上满足他们的需求。

为了满足孩子的需求，我们需要具备某些特殊的技能。这意味着我们必须倾听孩子，真正领会他们言语的意义，并且不对他们进行干预、纠正和说教。我们必须观察他们的身体，包括他们的体态、情绪、精力。唯有如此，我们才能清醒地感知他们的状态。

许多父母在贴近孩子心灵的过程中会遭遇很大的麻烦。在缺乏意识的情况下，我们总是希望孩子向我们的固有意志靠拢。尽管我们在想象中同孩子离得很近，其实却是强迫他们靠近我们。如果我们将精力微妙地转移到自己身上，而不是将其倾注在孩子身上，那我们也就拥有了改变孩子生活的力量。

有些父母抱怨，他们的孩子正值青春期，不愿意同他们交流。遇到这种情况，我会询问他们："你怎么知道孩子不愿意同你交谈呢？"父母一般会回答："他总是在看电视，不理睬我。"有的父母会说："她总是在打电话，不愿意花时间和我待在一起。"也有的父母会说："他只想要电脑游

戏,我受不了这些游戏了。我究竟该怎么办呢?"还有父母会抱怨:"她只知道谈论自己最喜欢的歌手,而我对那些话题一无所知。"

在上述情形之中,父母都希望青春期的孩子放弃那些自己喜欢的事,转而去做那些父母想要他们去做的事。而对于父母来说,他们不会作出改变,也不会同孩子一起享受那些孩子乐在其中的活动。这倒不一定是因为父母只喜欢某种特定的活动项目,而是因为他们喜欢与孩子息息相关的感觉。

父母的角色并不需要我们如何投入,而是要求我们支持孩子自由地发展他们的天性。也就是说,如果我们想同某个年龄段的孩子建立紧密的联系,就需要贴近他们的情绪能量。当我们能调整自己去适应孩子的情绪能量,就等于向他们保证:他们无需改变自己的本真。于是,他们自然会更好地接纳我们。

不管孩子是6岁还是16岁,他们都渴望同父母建立富有意义的联系。如果长幼关系表现为一种控制、评判、责备、教训、压力,孩子就会把父母的话当成是耳旁风。但是,如果长幼关系中充满了自主、激励、亲密、信任与情感自由,孩子又怎么会拒绝接纳父母呢?当我们富有觉悟地同孩子紧密相连,就能够发出开放的邀请,使他们自然而然地得到接纳,从而自由地张扬真我,而不会受到我们的批评。关键要领是发出这样的讯号:"我在你身边,随时为你见证。"

要想让孩子情感健康地成长,我们要做的就是全程相伴。有的父母可能会认为,这意味着我们要与孩子寸步不离。恰恰相反,一位觉醒的父母也许是非常忙碌的,孩子对此也应报以尊重。但在我们不忙碌的时候,我们能积极地向孩子靠拢吗?如果我们那样做,孩子就会意识到:"我是一个有价值的人,因为我的父母为我关掉了电话,停下了工作,专门花时间来陪我。"

在我自己的生活里,为了进入一种同女儿相依相伴的状态,我决意不去改变她的真实状态,而是将自己投入到她的步调中去。我尝试着寻找一种办法，让自己的精力节奏与女儿同步，而不是要求她来适应我。当女儿同我说话时，我会竭尽全力地倾听——不仅用头脑，还要用心灵。我对她的心声和精神表示尊重。即便我不同意她的观点，也会表达自己的尊重，始终对她保持一种接纳的开放态度。

我小心地提醒自己不要忘记：同女儿相伴的目的不是为了展示自己的智慧和优越，而是为了与她紧密相连。对于每天倾心交谈的时光，我都非常重视，要求自己每天至少挤出一个小时。由于女儿展示了她最本真的状态，为了表达对她的喜爱与赞赏，我会告诉她自己向她学到了很多。在这段时间里，她不做功课，我也不做家务，我们只是纯粹地相处——吃东西、游戏、阅读、聊天。这是单纯朴素的一个小时，它具有强大的力量，能够让孩子的内心变得饱满充实。

我们是如何破坏同孩子之间的纽带的？

从孩子试图与我们交谈的那一刻起，我们就不由自主地想教导、批评、告诫他们。我们还倾向于给他们的经验贴上标签。为什么我们感到自己必须时时教导他们，并向他们传授自己的观点呢？我认为原因在于我们自己，而不是出自孩子的需求。我们只不过是没有能力做到"真实"和"放手"，不能接受真实而简单的现实。

如果孩子不再征询我们的意见，也不再邀请我们参与讨论，那就表明他们不愿意同我们心心相印，开始对我们遮遮掩掩了。

经过大量建立在阅读、教导、咨询基础上的心理揣摩之后，我们有些人变得"老练"了。只要听到孩子说了什么，我们就会施展手段，作出反应。也许像我曾经那样，你也对孩子说过这样一些反射性的话：

我知道你很不安；

我注意到你现在很生气；

我只想让你知道此刻你非常愤怒；
你感到似乎没有人理解你；
我明白你今天感到孤单了；
我看得出你现在情绪不好，不想说话；
我知道你现在感到很沮丧；
我知道你现在多么不知所措；
我看得出你为明天的考试感到焦虑。

我们要意识到，这些映射式的语汇中充满了我们的自负，带着我们的控制欲。要想忠实地反映一个人的感受和思想而不掺杂我们自己的情绪，并非一件容易的事情。事实上，如果我们仔细体会上述话语就会发现，其中隐含着居高临下的评判意味。

如果有人对我们说"我注意到你此刻很生气"，并且我们感到他的态度是居高临下的；那么我们多半会厌恶他们，因为他们带着优越感和压迫感。我们甚至可能因此对他们发脾气。如果有人说"我看得出你很不安"或"我只想让你知道此刻你很愤怒"，我们的回应恐怕也会针锋相对："该死的，你说对了，我就是这样！"

要想忠实地反映出孩子的感受，我们需要对自己的自负感和焦虑感保持警觉。否则，我们不但无法让孩子获得自己的体验与彻底的接纳，还会不自觉地变得居高临下或是对他们横加评判。结果，他们就会同自己的经验与感受割裂开来。换句话说，当我们对孩子作出映射式的评语时，要注意自己的立场和对他们的影响。当孩子体验着自己的生活时，我们到底是同他们携手共进，还是不自觉地将自己同他们的经验割裂开来，继而妨碍他们切实地体验自己的生活？

当我们将自己与孩子放在同一个层面上，语言往往就变得毫无必要了，因为它只能隔离孩子同自身的情感联系。而我们需要做的只是调整好状态，贴近孩子。要想做到与孩子心灵相伴，我们只需做一个见证人——

见证孩子的种种经历，允许他们置身于自己的真实感受当中，而不必暗示他们摆脱眼前的状态。不必揣摩孩子的心理，只要"放手"即可。"放手"加上"见证"，孩子就能够学会自我反省与观照，而无需依赖父母了。

我们是否认同孩子的行为或他们的本质？

我们都明白，他人对我们本质的肯定并不等于认同我们所有的行为。也就是说，对方可能对我们的某些具体行为持有反对意见。在对他人表示同情时，我们会自然而然地说："我理解。"但事实上，我们往往**并不真的理解**。即使我们曾身处相似的境地，却依然很难做到设身处地，因为一个人的思想和情感特征是独一无二的。强调一句，当我们发出这些评语时，动机是最关键的。我们声称理解，但到底有没有将自己投入到他人的经历之中去呢？我们又是不是在向他们传递"我和你站在一起"的讯息？最重要的是，我们是不是在向他们表示"我接纳你所经历的一切"？其中的差别在于，我们所说的话到底是出于自负感还是出于对他人真正的接纳。

我们说到了**同情**。同情的核心在于，任凭对方用自己的方式去体验属于自己的经历，而我们要守住见证者的立场。要想把孩子培养成一个富有同情心的人，第一步就是让他们体验自己**所有的**经历，而不对他们进行任何形式的干预和控制。换句话说，同情包含着我们对孩子的认同——认同他们的切实感受。如此一来，孩子就会得到这样的信息：他们有权去体验自己所有的感受。我们无需表示赞成或反对，只要允许他们保留自己的感受即可。我们不应该否定、改变、塑造孩子的感受。相反，我们要让孩子知道：我们不仅在倾听他们，也在关注他们言语背后的心思。

要想做到同情，我们就需要将自己的感觉放置一旁，这样才能同孩子形成通感。有时这样做会很困难，尤其是当孩子在经历某种情感波动时，尤其是当他们受到嫉妒、负疚、厌恶等负面情绪的笼罩时。的确，如果说有什么事情比胃痛更令父母难受，那就是孩子向我们和他人表现出的负面

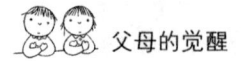

情绪。

有一天,我把女儿从学校里接出来,她要我带她去公园。我说不。她又问我可不可以一起去图书馆,我又说不。最后,她问我可不可以自己出去玩,我依旧没有答应。每一次拒绝,我都向她说明了我的理由:我必须准备晚饭,爸爸要回家了,我们还有好多事情要做。她开始撅嘴、发脾气,最后尖叫道:"你是坏妈妈,你什么也不让我做。我讨厌今天这样的日子,真是太糟糕了。"

我没能与她共同面对失望,也没有不加干预地让她感受自己的情绪,我的自负感被激活了。我先是责备她"自私",怪她"讨厌";接着又教训她,要她学会感恩。教训她的时候,我也感到很内疚。结果,我越是责备她就越是感到愧疚,也越发想让她感到惭愧。

等最终冷静下来后,我问自己:"为什么女儿那些话让我感受到如此大的威胁?我是不是太在乎她有没有感恩之心,而剥夺了她表达失望的权利?"按理说,我原本可以在她冷静之后与她分享一番有益的经验。然而,当时我没能平复她的情绪。相反,因为女儿说我是"坏妈妈",所以为了缓解自己的失落感,我就一味地责备她,想让她感到惭愧。

当孩子情绪躁动的时候,我们总是禁不住要责备他们。我们指望凭着主观愿望就能够神奇地化解孩子的情绪,而且不用直接面对严酷甚至丑陋的一面。我们会说:"别生气了。""你不应该嫉妒别人。"或"别再感到沮丧了。"

我们试图通过这样的言语消除孩子情绪的阴影,使他们免受羁绊。结果,孩子便在同自己情感世界的裂痕中慢慢成长起来。随后,他们会为此付出代价,生活在否定的阴影当中。到了青春期或更晚些时候,那些曾被埋藏的情绪就会由于受到某个事件(或某段感情)的刺激而复活。到那时,已经长大的孩子将会不胜负荷,因为他们此前没有学会如何应对负面的情绪。

由于我们没有能力对孩子的所有情绪表达同情,所以他们就会生活在

第15章
让孩子与当下紧密相连

对这些情绪的恐惧之中。例如，当我和女儿第一次去水上乐园玩的时候，她见到一种很陡峭的过山车游戏。她对我说："我好怕。"我不自觉的第一反应是打消她的恐惧。我想说："哦，别傻了，你没看见这么多小朋友都玩得很开心？"我又想安慰她："我和你在一起，所以你不会有事的。"我还听到许多家长对孩子说："别怕，没什么可怕的。"

但当我反思了一阵后，又把这些话咽了回去。我明白，女儿不会因为我的一句话就消除心中的恐惧。于是，我改口对她说："害怕是难免的，我也怕。事实上，我怕得要命。不过，这样才有意义啊。越是怕得发抖，越是要勇敢冒险。"她接受了我的话。很快，我们一道加入了等候游戏的队伍，一边还嘀咕着："我好怕，我好怕！"我们不仅没有被自己的恐惧吓倒，反而大为振奋。当我们玩过游戏、平安地走出来时，我才认识到冒着恐惧大胆尝试的重要性。

我们认为自己应该教导孩子不要害怕、不要生气或不要悲伤。但是，如果他们真的受惊了，难道不该害怕吗？如果他们真的感到悲伤，难道不该伤心吗？我们为什么要求他们以自己的感受为耻呢？要想更多地帮助孩子，我们就不应试图消弭他们的感受，而是要引导他们驾驭自己的情感。不管我们一道经历过什么，也不管它们是多么平庸，我们都可以鼓励孩子坦白忠实地说出他们的感受。比如："我的朋友不能来了，我好难过。""我怕黑。"或"这里太吵了。"

只要"在一起"就够了

我们许多人会在孩子恣意表现时感到不胜负荷。但我们没有意识到，孩子外在表现的根源正是他们未曾表露过的内心情绪。如果没有其他原因，我们正好可以借此机会鼓励孩子，让他们忠于自己的感受。身为父母，我们要用智慧鼓励孩子去感觉自己的一切情绪波动，然后通过合适的渠道表达出来。我想强调"合适"这个词。因为对于孩子某些表达情绪的方式，我们完全有权不喜欢，也可以帮助他们修正。我们理解孩子在闹情绪，却并不等于允许他们打人或摔东西。

我意识到，简简单单地见证孩子的情感状态，对父母来说可能极具挑战性。我们对孩子如此投入，决意要让他们成功而不要遭遇麻烦。因此，带着做个好父亲、好母亲的愿望，我们发觉要做到同孩子的真实状态相守，容许他们本真地存在，变成了一件困难的事。

想象一下，我们正同最好的朋友谈论着生活中的某个片段。每当我们开口叙述某个观点、某种思想或某种感觉时，对方总是打断你。纵然他所说的都是出于好意，但一句接一句的"我认为""我感觉""我相信"，以及最犯忌的"你应当""换了我会"……都会使我们陷于挫败感之中。我们禁不住想大喝一声："你就不能闭上嘴听我说吗？"是啊，孩子也会有同样的感受。而等他们到了青春期，就会脱口而出这样的话，同时背对我们、打开电视，或者干脆甩门而去。我们必须摒弃自己的不觉醒，为孩子打开一扇开放与接纳的门，否则他们是不会同我们交流的。

当我们目睹孩子体验着属于他们的种种情感经历，并不再试图分析、干预他们的情感状态时，就能帮助他们有意识地见证自己的内心世界。如果我们不对他们指手画脚，代替他们去感受事物，就能为他们打开一个空间，让他们自己去洞悉其中的奥秘。我们要给孩子机会，让他们去聆听自己的心声，而心声是改变一个人的唯一动因。这是我们能为孩子做的最有益的事情。

当我们为孩子打开一个自我观照的空间，且摒除了横加干预的冲动，孩子就会主动提出有意义的问题了："妈妈，我为什么会这么生气呢？"我们可以趁势回答："咱们一起来探索一下吧？"随后，我们可以探问他们心里发生了什么，鼓励他们直面自己的感受。我们无需给出答案，只需鼓励他们：答案一定会浮出水面，也许需要几个月或更长的时间，总之一切都会水到渠成。帮助孩子直面自己的感受，让答案自行出现，这比向他们解释要有力得多。

第15章
让孩子与当下紧密相连

当孩子有问题的时候,我们认为自己一定得有一个掷地有声的答案,随时可以给他们一个完满的交代。但是,我们如果简单地回答会怎么样呢?比如,我们可以说:"我不知道。"这话听起来似乎同直觉相悖,但它的原理是:如果我们向孩子传授自己的全套理论、完整思想,以及预先准备好的标准答案,就会把他们变成被动的接受者。而当我们回答"不知道"的时候,就等于邀请孩子从他们所处的世界里寻找答案。

我们每个人都曾见过孩子开心的样子,因为他们发现了父母都不曾想到的答案。正是通过这样的途径,创意的种子由此得以播撒。简简单单的一句"我不知道,不过咱们可以一起寻找答案"蕴含着巨大的力量,它能唤起最深刻的生活智慧。它始于父母的意愿,我们不要所谓的"知道",而要选择"不知道"。

要想做到"不知道",可以采用以下方法:

当孩子提问的时候,我们不要急于给出意见或答案,而是先沉浸在问题所创造的情境之中。

即使我们知道答案也要说:"咱们一起找答案吧。"

我们要告诉孩子:"仔细想想,告诉我你发现了什么。"

我们要坦陈自己并非无所不知,并对此感到坦然。

我们要让孩子明白,提出问题是了不起的本事,甚至比回答问题还要厉害。这样他们就会注重过程而不是结果。

我们要教会孩子重视提问,这相当于告诉他们想象力是多么神奇的力量。

当孩子提问时,千万别急急忙忙地回答。例如,孩子如果问:"月亮为什么这么亮?"或"云彩为什么像棉花?"那我们一定别给他们的好奇心泼冷水。相反,我们要帮助他们充分享受探索发现的快乐。我们可以用以下一些说法来鼓励孩子,让他们保持好奇的状态:

"这个问题太有想象力了！"

"我怎么就从没想过这个问题。"

"你总想知道生活里更多的事儿，这真是让人钦佩。"

反复咀嚼孩子的问题，然后说："这绝对是一个值得玩味的问题！"

不要关注答案，而是引导孩子享受问题本身。如此一来，我们就向孩子展示出对学习的热爱与对生活的好奇。我们还要告诉孩子，现实本身不能被量化，不能被确切了解，也不能被刻板地分类。他们得学会，即使没有答案，依然可以充满信心地生活。

我的女儿曾问我："妈妈，你可不可以告诉我宝宝是怎么生出来的？不要说是鹳生的，要讲真话。宝宝是怎么跑到妈妈肚子里去的？"

我当时产生了许多带有自负感的念头。比如："这可是个做开明父母的好机会，我得实事求是地给她启蒙一番。"或"我们母女间要进行一次有力的交谈，好好谈谈人的身体和尊严问题。"不过我没有那样说，只是回答："嗯，问题提得好。咱们一道上网查查吧。"我之所以没有匆匆给出答案，是因为我真的很想让她切实体验一番求知的欲望。当我在她这个年龄时，求知欲是如此强烈。但答案背后的科学解释却很有可能破坏了这份欲望。

由于自负感作祟，我们会感到，认同孩子的自负感要比认同他们的本质更容易。然而，如果我们能保持觉醒、活在当下，孩子就能学会如何真实地度过生活中的每一刻。

第16章
如何应对孩子的错误?

父母需要让孩子明白,生活中的麻烦都可以转化为精神与情感上的财富。

父母应该学会从孩子的错误行为背后发掘他们的善良动机,使孩子相信自己天性中的美好,并保持尝试的勇气与热情。

鼓励孩子面对自己的错误,可以使他们正视自己的不足与局限,勇敢地继续向前。

如果不断遭受父母的负面评判,孩子就会筑起高墙以遮挡自己的真实感受,并渐渐对父母的意见置若罔闻。

第 16 章
如何应对孩子的错误？

　　我们在犯错的时候，一定会首先原谅自己，对自己有所同情，然后就可以解脱了。我们还希望朋友们也能原谅我们，理解我们的善意，然后把一切抛在脑后。这些恰恰也是我们在应对孩子的错误时应当借用的。

　　犯错不应成为长篇说教和施以惩罚的理由，而应被看作是学习的窗口。对于自己的错误，我们不也希望引以为鉴吗？在生活中，我们会犯很多错误。我们会丢钥匙，驾车迷路，出交通事故，忘记约会，忘记关煤气，忘记付账单，忘记给朋友回电话，放错电话，诅咒叫骂，乱发脾气，喝酒过量，回家太晚，吃错东西，看电视过度……换句话说，我们会做错无数事情，它们都是我们希望孩子不要去做的；而这仅仅是因为我们告诉他们那些事是"错误"的，也不管他们的年纪有多小！我们凭什么这么专横，对他们横加批判，就因为他们做了我们也会做的那些事情？难道就因为没有人在更高处监视或责备我们？

　　如果我们希望孩子从错误中汲取教训，那就得把"错误"的概念剔除，这样才能让孩子知道：不管惹出什么样的麻烦，他们依旧是好孩子，没有任何强加的内疚或指责。孩子只有免受恐惧的困扰，才能获得应有的教益。

我们是否理解孩子行为背后的动机？

　　如果我们认定自己理解孩子行为背后的动机，并作出了负面的评判，就会在他们心里触发一种无可救药的消极情绪。我们会通过或明显、或微妙的方式向他们传递一种讯息，让他们觉得自己缺乏能力。例如，我们会拿他们开玩笑，甚至讥笑他们，把他们同小伙伴们相比较，在他人面前贬低他们。我们还会对他们抱有过高的期望——超出他们的能力或违背他们的意愿。

仔细想想，以下便是众多令人羞愧的评语中的一些：

你总是违反我制订的规矩，因为你不爱这个家；

你不努力学习，因为你完全不在乎自己的前途；

你不做功课是因为你太懒了；

你说谎是因为你不在乎别人的感受，只顾自己；

你总是考虑不周、丢三落四；

你的感受很愚蠢；

你太粗鲁了；

你应该为自己感到羞愧；

我不相信你，也无法相信你；

你是存心伤害我的感情；

你真可恶；

你故意编造了一切，你在撒谎。

在所有这些情境下，我们都认为自己知道孩子某种行为的原因，而且认定他们的动机是坏的。将这样的评判强加给孩子，会使他们产生一种无助的感觉。在无法申辩的情况下，他们俨然已经遭受了判决。

如果我们用这样的方式对待孩子，尤其是青春期的少男少女，他们很快就会筑起高墙以遮挡自己的真实感受。由于不断地遭受我们的评判，他们受伤太深，对我们的意见也会变得麻木不仁。我们认为这是因为他们"不在乎"，于是继续对他们横加批评，更加认定自己了解他们的动机。殊不知，孩子已经受够了羞辱，受够了被当作"坏人"的感觉。

如果孩子将无助无望的感觉掩藏在心里，他们很可能会躲进"壳"里，将"我很坏"的感觉也埋在心里。如果他们将无助无望的感觉外化，他们也许会对他人以牙还牙，欺负他人的行为往往就是这样产生的。霸道人格的形成往往是由于一个人在成长过程中被剥夺了权利，于是无法忍受，需要通过欺侮他人来获得宣泄——别人如何让他感到弱小无助，他就要照此办理，如数奉还。孩子之所以会欺负人，是由于自己心里有痛楚。而将欺负升级为暴力，则是由于施暴者心里埋藏着很深的羞辱感，唯有将痛楚转嫁于人才能获得解脱。由于他们同自己最真实的美德产生了断裂，所以就会转而攻击他人的美德。

换句话说，青年人的暴力源于幼年时的遭遇，源于长幼互动关系。当孩子不再需要承受来自父母的责备与痛苦，也就不再需要将情绪宣泄给他人了。当一个孩子犯错的时候，如果能够得到尊重，如果他的感受能够得到维护，他自然就不会转而羞辱他人。

如何将错误转化为精神财富？

当我们紧张焦虑的时候，孩子能够通过观察我们来学习如何应对自己的情绪。生活中的每一天都存在着大量机会，让我们以身作则，从容地面对自己的不完美。这意味着我们要接受自己的创伤、谬误，以及这样的事实：我们的行为在相当程度上是不觉醒的，不论我们自以为如何地富有觉悟。

孩子需要明白，生活中的麻烦总是可以转化为精神和情感上的财富。一旦他们意识到了这一点，就再也不会畏惧失败，而且有能力接受现实，把错误看作是生命中不可避免甚至是基本的组成部分。

此前我们看到，要应对孩子的错误，就得先想想我们希望别人怎么对待我们自己的失误。我们愿意受人教训吗？我们愿意一遍又一遍地被谴责，就因为出席生日晚会时迟到了？我们愿意别人反复向我们发难吗？我们希望自己的爱和投入都遭受质疑吗？然而这恰恰是很多父母应对孩子错

误时采取的方式。

尤其是当孩子在学校表现不好的时候,很多父母都相信,只要告诉他们"再努力些""再多学点儿"或"别放弃",就是在帮助他们面对失败、克服恐惧。事实上,我们恰恰是在引导孩子执著于完美。结果,当孩子跌落在不完美、混乱、无知之中时就会不知所措。他们会把自己犯的错误看成是自身的写照,在错误的恶果前作茧自缚。此时,如果我们再责备、惩罚孩子,那就不仅无法使他们看到错误是通向更高级觉醒的必经之路,还将埋下恶劣的种子——促使他们走向愤怒甚至是暴力。

在我们帮助孩子寻找错误的源头之前,他们需要一个空间将自身同错误隔开距离、区别看待。觉醒的方式应当是等所有情绪都平复、所有人都恢复冷静之后,同孩子一道坐下,充满同情心地与他们一起面对所犯的错误,告诉他们怎样通过此事汲取教训,而抛弃先入为主的评判。

帮助孩子了解"为什么"是最有效的教会他们原谅的方式。因为知道"为什么"能赋予我们力量,让我们作出改变。不幸的是,面对孩子的负面行为,我们往往没有耐心弄清楚"为什么",而是直接去对付"发生了什么"。然而,只有弄清为什么,我们才能帮助孩子找到改善的途径。而当孩子理解了"为什么",一切也将迎刃而解。导致错误的原因也许是目光短浅,也许是来自同伴的压力,也许是信息匮乏,也许是判断力太差。我们不必揪着错误不放,只需了解清楚原因,然后轻装前进。

只要我们不把孩子的错误看成是故意为之,就会关注重点,进而发现这些错误无所谓原谅或不原谅。因为错误是学习成为真实自我过程中难以避免的一环。不要把错误妖魔化,意味着每一个错误背后都存在正面动机,尽管这些动机有时不会自动彰显。身为父母,我们应该从错误的表象之后发掘孩子初始的善良动机。这样做将会鼓励孩子相信自己天性中的美好。如果我们仅仅关注糟糕的结果而忽略善良的动机,孩子就会失去尝试的热情。

设想孩子烤完蛋糕后忘了关上炉门,而我们能否意识到他们烤蛋糕的

第 16 章
如何应对孩子的错误？

美好初衷？如果孩子烤糊了面包，我们能否同他们一道一笑了之，然后鼓励他们再试一次？如果孩子买东西时刮擦了汽车，我们能否理解他们购物是出于好意？如果孩子考试时漏做了题目，我们能否认可他们是由于太想考好才忙中出错。当我们对孩子的良好动机表示信任时，就说明我们不会再对他们的所作所为横加批判了。

孩子惧怕错误的一个原因是：当我们责备他们时，会让他们感到自己很无能。我们严重削弱了他们的自信，以致于他们不管做什么都畏首畏尾，生怕再犯同样的错误。如果他们烤糊了面包，就再也不敢尝试烘焙；如果他们弄丢了手机，就觉得自己再也不配拥有一部手机。

为孩子的错误喝彩

晚餐时分，我们一家人常常会玩一个游戏：每个人都来谈谈本周自己犯的一个大错误。我们把这项活动搞得像在互相攀比，人人都想比对方"错"得更严重。我们会说："你觉得这个错误不得了吗？我还有更厉害的。"当女儿听到我和她父亲的错误时，总会获得巨大的乐趣。这个游戏还有"续集"，那就是我们必须挑选一两个错误，谈谈自己从中获得了什么教益。

有一天，女儿对我说："我犯了个错，妈妈。我忘了给笔套上笔帽，现在床单被弄脏了一大块儿。对不起。"我告诉她，她能坦承过错是很勇敢的，然后我便教她怎样弄干净。女儿知道，我对一切承认错误的行为都会表示肯定。所以，每当她多吃了糖果，或是和小伙伴一起把老师的什么东西藏起来了，都会告诉我。但是，我的女儿还是会撒谎，对孩子而言这是难免的（成年人也一样）。我们必须接受现实。当她撒了谎，我不会因此就轻视她；我会安慰她，让她明白自己害怕承认错误是正常的。我还告诉她，有些人的确会因为她的错误而斥责她。不过，在我们家里，错误是可以接受的，犯错的行为也会获得同情。这样，撒谎就被视为人类行为中

固有的一部分。

你也许会感到迷惑:"这样不是纵容孩子不把错误当回事吗?"我来解释一下为什么不必有这个顾虑。觉醒的教养方法,其要义在于:了解孩子固有的动机是善良的,而且是愿意做好事的。但在每一天当中,孩子总会有意或无心地犯些错误。如果他们害怕受罚,也许就会通过撒谎来遮掩错误。我的建议是不仅要告诉孩子不要惧怕错误,还要向他们强调,每个人都可以从错误当中得到许多宝贵的经验;如果没有犯过这些错,我们就不可能获得如此丰富的经验。

鼓励孩子放下错误带来的包袱,等于教会他们将稻谷和糠麸分离,保留稻谷、抛弃糠麸。如果孩子在出过事故后再次向我们讨要车钥匙,那便是我们面临考验的时刻。设想一下,如果我们刮伤过朋友的车,是否愿意看到朋友从此不再信任我们了呢?

当孩子在我们面前表现出了最脆弱的地方,而我们能够坦然面对,就等于告诉他们:你们值得尊重,应当受到接纳。如果我们因为自己的成见而抛弃他们,就等于告诉他们:你们不值得尊重,这个世界不存在原谅之所。那么,孩子在面对世界时也会畏首畏尾、裹足不前。

鼓励孩子面对自己的错误,可以使他们正视自己的不足与局限,勇敢地继续向前。他们对自己能力的信念也会随之加强。他们会得到鼓舞,知道自己依然承受着关爱;他们也会因此明白,我们每个人都处在不断进步的过程之中。

第17章
雄鹰的两扇翅膀

　　为孩子设置行为底线，敢于对他们说"不"，敢于对他们施展强硬手段，这些同接纳孩子是相辅相成的。

　　我们需要拿出智慧与力量，将孩子的行为与自己的自负感分离开来，然后用平和的心态制止他们不恰当的行为。

　　富有觉悟的纪律约束不是父母同孩子之间的对立，而是一种循环式的动态关系。

要想培养觉醒的行为习惯,孩子需要从两方面进行学习。如果将它们称为"雄鹰的两扇翅膀",那么其中一扇叫做"真实",另一扇叫做"包容"。

第17章
雄鹰的两扇翅膀

要想培养觉醒的行为习惯,孩子需要从两方面进行学习。我喜欢把它们想象为雄鹰的两扇翅膀:一扇叫做"真实",另一扇叫做"包容"。孩子如果缺少其中任何一扇翅膀,都会步履蹒跚,无法像雄鹰一样翱翔蓝天,充分发挥潜质。

本书写到这里,我们一直把焦点放在"真实"这个概念上。真实源于我们同自己内心世界的坚实联系。对孩子而言,这意味着他们要学会认识自己的心声,并由此学会如何在世间拓展自己。当孩子逐渐增强同内心的联系时,他们不仅能学会接纳自己,还能学会坚定自己的主张,并向全世界展示出来。他们会开拓自己的能力,同他人以及生活本身建立有意义的联系。

包容则是另一扇翅膀,我们通过它来吸纳他人的主张。如果说"真实"需要我们尊重自己的内心并勇于表达自我,那么"包容"则允许我们将自身的意志同他人的意志结合起来。

孩子既要学会同自己的内心联系,又要学会同他人联系,它们是人际关系的两根柱石。与他人建立联系的能力同自我联系的能力息息相关,而自我联系既是保持真实的源头动力,也能帮助我们维护富有意义的人际关系。

孩子需要加强同真实内心的联系，也需要掌握外部世界的法则，学会同他人相处。要想实现这一点，孩子既需要倾听自己的声音，也需要吸纳他人的心声。他们要学着顺从自己的意愿，也要学会在适当的情形下顺从他人的意愿。不过，这完全不同于勉强孩子一味地"好好表现"。

当孩子学着表达自己的心声时，往往会同父母唱反调。这是很正常的现象，也是培养孩子自信精神不可或缺的条件。然而，当孩子发现世界不是围着自己转的时候，他们就将学会忍耐。他们将会接受现实：世界上不只有他们自己，不可能随时随地获得满足。

父母越是同孩子紧密联系，孩子就越能够获得安全的空间去认清真实的自己，并对这种紧密联系感到满意。他们会理解，给予与接受的关系需要克服困难才能蓬勃发展。他们将容忍他人对自己的依靠，同时也相信他人是可以依靠的。

缺乏包容心的孩子无法翱翔

斯蒂芬妮和丈夫菲利普有3个年幼的男孩，他们都难以驾驭。由于3个孩子经常打架，游戏时光就成了噩梦和灾难。家里缺乏秩序，孩子称王称霸。这个家庭当中极度缺乏尊重，父母和孩子都一样。

斯蒂芬妮不胜负荷，日日以泪洗面。在她成长的过程中，她的母亲强势地掌控一切，她感到很弱势，很容易受伤。家里的冲突让她害怕，于是她竭力回避。同样，菲利普也成长在一个难以自由表达心声的家庭里。每每发表自己的意见时，他都感到不自在。由于斯蒂芬妮和菲利普都过着情感压抑的生活，所以他们害怕在孩子面前表露真实的心声。而这对夫妇的孩子恰恰向父母发出了挑战，使他们难以卸下情感的包袱。

经过对这一家人的观察，我发现，父母显然毫无原则，孩子们也全然不知道自己该如何表现。例如，3个孩子在起居室里玩，把玩具到处乱扔，而且爬到了家具上。雅各布是长子，也是3个孩子中的领袖。他开始摇晃

第 17 章
雄鹰的两扇翅膀

落地灯，斯蒂芬妮走进来说："雅各布，请别这样。"他置若罔闻。斯蒂芬妮又开口说："我说过'请'了，请你住手，不然就关你的禁闭。"所有孩子都置之不理。斯蒂芬妮又用恳求的语气说道："我说过'请'了。"

斯蒂芬妮束手无策地转向我，眼里充满了无助，企盼我的理解。她解释道："我想用纪律约束他们，可没人听。你看看这有多难！"过了一会儿，灯倒在地上，斯蒂芬妮立刻跑上前去照顾孩子。雅各布无需为错误承担责任，得到的唯有拥抱和吻。

过了一会儿，雅各布又开始玩耍，照旧在胡闹。几分钟的功夫，灾难又发生了：三兄弟打了起来。斯蒂芬妮出现在门口说："孩子们，别伤着彼此。"他们接着打闹。斯蒂芬妮依旧远远地站着请求："请别伤着你们自己。"但没人理会她。

气急败坏的斯蒂芬妮大步走向孩子们，将他们拉开，打了雅各布的脸，并喊道："你这个坏孩子！总是让我操心。今天你要一直关禁闭！"毫无预料的雅各布惊呆了。他向母亲报以尖叫，并抗议说单独惩罚他是不公平的。余怒未消的斯蒂芬妮气得浑身发抖。雅各布打了她，她也打了雅各布。其他孩子吓得畏畏缩缩。斯蒂芬妮哭着责备儿子，说他们伤害了她，3个孩子都惭愧地低下了头。

斯蒂芬妮没有意识到，眼前的一幕正是她童年无助状态的翻版。她已经将自己遭受的弱小无助的感觉强加给了她的儿子，那一刻她无法将孩子的行为同自己的感觉区分开来。对情感的回避使得她无法用恰当的方式应对孩子的行为。

我遇到过许多父母，他们面对孩子的"不良行为"显得十分无助。通过对他们的观察，我发现他们共同的错误是：面对问题不能迅速地采取行动。例如，有一次，一个8岁的女孩抢了弟弟的玩具，母亲见了却没有反应，直到事态升级为打架。还有一次，一位6岁孩子的母亲看到儿子将垃圾扔在地上，却什么也不说；直到孩子将碎屑弄得到处都是，母亲才开始朝他发作。虽然有时静观其变不失为明智之举，但在很多情况下，拖延是没有建设性的。觉醒的父母不应坐等事态升级,而应立即采取恰当的行动。

在斯蒂芬妮的案例里,如果她对自己的情感规律有所觉察,从一开始就应该采取坚决的行动。一旦发现雅各布破坏规则,不尊重其他人,也不顾及家人的安全,斯蒂芬妮就该拿出应有的权威。凭着内心的魄力,她应该宣布:"住手,马上!都给我停手!"游戏中止后,她可以纠正孩子的行为,强调暴力可能带来的恶果,重申自己对他们的期望;她还可以告诉他们,如果他们不按她的要求去做,就不让他们继续玩游戏。在孩子面前,我们不能做一个"恳求者"或"取悦者",那将无法树立我们的威信。

由于害怕触及自己情感承受的底线,斯蒂芬妮任凭孩子"欺负"她。她的儿子们需要她明智坚强,但她却不由自主地表现出无助与软弱。虽然她最终发作了,但却无法自如地释放自己的感情,而只是将情绪宣泄在孩子身上;这使得孩子很内疚,认为是他们导致母亲心烦意乱。其实孩子并不是"坏",他们只是正常地表现出了男孩的天性,而斯蒂芬妮却没有恰如其分地对待他们。

斯蒂芬妮的案例表明,我们很容易陷入自己的情感模式之中,这往往同孩子当前的行为没有直接联系。我们其实不是在应对孩子的行为,而是受到自身焦虑的驱使。许多心怀好意的父母往往会在孩子的行为面前延续混乱。这是因为摆脱自负感与固有模式、用纪律去约束孩子,会使我们感到孤立无援。如果我们对自负感没有警惕,就不能让孩子遵守应有的行为规范。由于我们没有意识到刺激自己情绪的因素,所以就会盲目地作出情绪化的反应。

觉醒的父母并非时刻温情脉脉、爱心满满。如果我们的教养方法是富有觉悟的,就不会给孩子的不当行为开绿灯,也不会不由自主地把孩子的需求放在我们之前。允许孩子不顾一切地撒野,只能培养出小魔鬼。教育孩子,让他们适当克制自己的率真行为,这一点很重要。因此,坚持还是退让,必须根据不同的情势进行恰当的运用。为孩子设置行为底线、敢于对他们说"不"、敢于对他们施展强硬手段,这些都是成为好父母的一部分,并且同接纳孩子是相辅相成的。

成为觉醒父母的核心在于,出现问题时要有能力直接面对。我们能够站在清醒的立场上从容应对而不是感情用事吗?我们对孩子的纪律约束到底是发自本真还是出于自负感?成为觉醒的父母,意味着对孩子的需求作出**回应**而不是**逢迎**。如果孩子表现得骄纵和无理,我们不可以纵容他们。我们的任务是帮助孩子开拓内心的情感力量,实现坚韧和自立;这种力量的获得很大程度上取决于纪律,因为后者能实现对情感世界的管理。

通向纪律的精神之途

对大多数人来说,冲突是一个雷区。因为一旦某人同我们的期望相悖,我们就会产生一种不健康的成见。有些人会表现出过分的控制欲和介入欲,其他人则会感到不胜负荷或逃避退缩。尤其是当我们对孩子进行纪律约束时,往往会遭遇**控制欲**这个怪兽,或者走向另一个极端——逃避。至于我们具体会作出何种反应,则取决于成长经历与脾气秉性的综合作用。

我们在教养孩子的时候,对自负感的问题到底有多少意识呢?到底是孩子太叛逆还是我们自己太僵化?要想找到答案,有必要问问自己:"此刻我心底涌起的是什么样的情绪?我是怎么被'点着'的?我的过去如何影响着我现在的表现?"一旦明白了自己的内心状态,我们就能够确定自己对孩子的反应是公正的还是受到了焦虑感的驱使。

有一次,一个朋友陪我和女儿一起来到海滩。当时女儿3岁。白天,女儿表现得像个小怪兽——尖叫、闹脾气、发疯。我吓坏了。我特别想给朋友留下一个好印象,想让她羡慕我这个"最好的"母亲有个"最好的"女儿。出于自负感和虚荣心,我对女儿的行为产生了厌恶,认为她是存心羞辱我。我把她拖到一边,极其轻蔑地看着她,她自然哭得更厉害了。我完全慌了。"我这辈子再也不带你来海边了。"我向她赌咒。这样做当然只能使她哭得更厉害。我继续将自己的威胁升级。我对她说："我再也不让你看Elmo①，再也不给你糖果，再也不带你去公园，再也不带你吃匹萨。"最后，她安静了下来，只剩下我在生气。当天余下的时间，她表现得好极了，就像个天使。

由于我感觉自己受到了冒犯，所以乱了方寸。结果，我不但没能帮助女儿控制情绪，反而在自负感的驱使下威胁她、吓唬她。我更关心自己在朋友眼里的形象，而不是纠正女儿的行为。事实上，当时我女儿学会的唯一的事就是害怕我，因为妈妈有时也会失态——这都是因为我用个人的恩怨心去解读她的行为。

在教养孩子的过程中，我们往往会表现出控制的欲望。如果孩子的表现同我们的预期有差距，我们常常会缺乏包容的能力；尤其是当孩子的表现超出我们预期的范围后，这类现象就更容易凸显出来。在这种情况下，我们往往会看到自己是多么僵化、武断、偏狭、独裁和专横。我们将见证自己的不觉醒可以到达何种程度。

我从未料想，在美好的天气和海边，自己还得管束女儿。我认为自己心情不错，天气又好，女儿的心情一定也不错。然而，纪律的需求往往同"完美的时刻"没有必然关系。越是在理想的状态下，我们就越需要克制和包容。对孩子行为的纠正随时可能成为当前的需要。有时候，我们必须绝对服从这种需要。对当前情况的即时反应以及跟进处理都是克制教育的重要组成部分。当时，我违背了即时纠正孩子的原则，因为我不想破坏当时的出游气氛。但是逃避却让问题更严重了。我没能守住客观立场，采取正确的行动，而是一味担心美好的一天遭到破坏，所以放过了女儿不恰当的行为。因此，一味地要求孩子"表现好"同教会孩子克制忍耐是有所不同的。

如今，我常常告诫自己："要当时当地对孩子的行为作出反应。如果

---

① 著名儿童电视节目《芝麻街》中的玩偶形象。

她的行为需要认同,那我要及时反馈。如果她的行为需要纠正,那我会及时警示,让她即刻汲取教训。如果她的行为不需要我做任何举措,那我就什么反应也不作。"

我们似乎相信自己可以做到置身事外、超然处之。我发现,那些棘手孩子的父母最容易选择这个办法。以为孩子能够自己学会得当的行为,这是我们认识上的误区。如果我们期望孩子的行为有所改观,但却只是等待而不采取行动;那就只能使孩子泥足深陷,而我们也越发不知所措。孩子需要我们随时随地指导他们,而不仅是在我们方便的时候。如果我们置身事外一段时间,然后在闲暇时重新行使父母的职能,那就会错失良机,无法将问题的苗头及时扑灭。这样断断续续的节奏是不能帮助孩子塑造良好的行为习惯的。

因此,现在我乐于面对海边发生的那类事件。我倒不是喜欢这种事,而是知道这种混乱场面会令我的自负感浮出水面,使我得以直接面对它。当它发生时,我会告诉自己,孩子给了我自我进化的机会。说到底,我永远感谢这样的机会。因为正是通过这样的时刻,教养孩子的过程才变成了一段精神之旅。其他的人际关系绝少能唤起我们内心的控制欲,所以也绝少能彰显出我们的不成熟。正是借助这类过程,我们才得以在自我完善的道路上不断跃进。

重视冲突而不要回避

同孩子发生冲突是不可避免的。尽管它让我们觉得不好受,而且我们想要避免它,但冲突实际上却能成为宝贵的成长机遇。

如果父母竭力避免冲突,并且害怕代表孩子采取果决的行动,那么也会害怕果断地表达爱意与保护。这样的父母抚养大的孩子往往会对自己的本质产生怀疑,自身的价值感也会随之降低。

僵化的思想往往会导致意见相左,所以冲突也就产生了。超越冲突的第一步是审视自己的思想，反省自己不自觉的控制欲。

设想一下，你母亲过 80 岁生日，你为 4 岁的女儿花大价钱置办的派对服装被她扔在卧室的地板上。她偏要肮脏的运动鞋和最爱的牛仔裤，否则就不肯参加派对。她带着熟悉的"看你怎么办"的眼神望着你，下巴向前努着，双脚钉在地板上，充满了叛逆。她等着看你到底是会懦弱地退却并用奖励来贿赂她，还是干脆跪下求她。你怒不可遏，心想"让你看看到底谁说了算"。你提高了嗓门，她又哭又闹。你喊得更响了，她踢腿跺脚。几个小时过去了，她赢了。她穿着旧衣旧鞋出席了派对。你好像突然间老了 5 岁。

每个父母都有可能对自己说："这孩子存心这么做，我得告诉她是谁说了算。"我们之所以会站在这样的立场上，是因为我们感觉自己受到了攻击。其实恰恰相反，我们往往会在控制欲的驱动下对孩子造成压迫，目的是赢得一种权力在握的感觉。在这样的情况下，我们会不由自主地对孩子呼喝，甚至会打他们的耳光。我们不该把孩子的行为视作是对自己的冒犯，而是应当理解，孩子表现不好时并不是冲着我们，而只是想着他们自己。要想让他们安静下来，我们需要拿出智慧与力量，将孩子当时的行为与自己的自负感分离开来，然后用平和的心态制止他们不恰当的行为。

一旦我们控制住了自己的自负感，冲突就变成了可贵的学习途径。由此我们可以学到"予与取"、谈判技巧，以及放手的艺术。在前面的案例中，那一刻，4 岁的女儿可以学到：这不是一场"你与我"的战斗，而是一场我们一起寻求创造性方法的命题考试。要想实现这样的效果，我们必须首先摒弃"赢"的欲望，树立起"咱们一起解决"的心态。所以，不妨折中一下：让孩子换件新衣服，但可以不换鞋；或者让孩子换上新衣服，但下一次允许她选择自己喜欢的服装。甚至，我们不再坚持她必须以什么样的形象出现，而允许她按照自己的意愿穿戴打扮。因为说到底，事情的起因是我们的自负与虚荣在作祟：要让孩子看起来像个"娃娃"，否则亲戚朋友会怎么想呢？

其实，这样的对峙局面完全可以转化为意义丰富的对话，这也正是练习谈判技巧的大好机会。当然，有些事情容不得妥协回旋，比如安全问题、对自己和他人必须尊重的原则。但在大多数情况下，冲突背后都隐藏着身为父母的自负感：我们渴望在外人面前"出风头"。

教孩子学会谈判技巧，相当于播下了一颗种子；孩子由此能够作好准备，同他人建立更亲密的情感关系。在"不知道""要不要放弃"的疑惑之中，我们可以得到很多教益，所以要学会在没有得到答案和成果时依然安之若素。生活不是光鲜齐整而是错综复杂的。它要求我们学会放下，我们会一次又一次地经历这样的事。通过内心的挣扎和冲突——接受事物的不完美，不因缺憾而感到挫败——我们能够引导孩子学会容纳和克制自己的情感。

冲突能为孩子与父母带来生活教训，它教给孩子："是啊，你可以实实在在地表达你的意愿，而不会因此受到惩罚。与此同时，你也要学会接受和包容他人的意愿。"身为父母，我们也学会了克制自己的控制欲。父母的觉醒之道就在于这种**双向转化**。

身为父母，如果我们能学会在"我"与"我们"之间平衡地舞蹈，然后教给孩子，就等于教会他们一项最难掌握的生活本领。将冲突看作是体验"失去"的一堂课，或是从中学会谈判艺术与自然变通之道，我们就能教会孩子接纳真实的生活——充满了复杂的情况、严峻的挑战、丰富的不可预知性。如此一来，孩子就能学会：生活的胜利在于找到创造性的解决方案，力求灵活变通，同他人真诚地谈判协商。

如何用有效的方法实现纪律约束？

传统上，父母同孩子的关系是上下级和线性的：父母像个将军一样发布规则和指令；孩子要么顺从，要么受罚。而觉醒的情感关系却不是这样的。富有觉悟的纪律约束不是父母同孩子之间的对立，而是一种循环式的动态关系。长幼关系是一种核心概念，而不是一项个别技术。无论其具体内容如何，这种关系本身始终应当是循环流动的。只要这种循环的状态没有受到破坏，许多行为问题是可以自然消弭的。

如果我们仅仅关注孩子的行为内容，就会局限于有限的几个策略：责备、禁闭、惩罚等。这样不仅会造成紧张和对立，还会限制孩子自我发展的可能。因为我们将不恰当的行为解释为可耻的行为，孩子也就失去了自我学习与进步的机会。

孩子一般都会用消极的态度来看待纪律约束。"纪律"这个字眼本身就意味着权威和控制，令人联想到惩罚。其实恰恰相反，孩子不应把纪律看作是恐惧下的无条件服从，而应将其看作是生命中的重要一课，这样他们就能作出良好的判断，采取有效的选择，创造积极的解决方案。因此，我建议用"行为塑造"[①]来替代纪律这个词，这样更符合觉醒的教养方法的要义。既然称之为行为塑造，那就意味着我们要对孩子的一切行为作出反应，而不仅仅针对那些我们认为错误的行为。对于孩子正面的行为，我们也要给予同等或更多的关注。

行为塑造非但不会将冲突看成是苦恼，还会将所有冲突都视为学习机会。因此，行为早就成了一个时刻延续的连贯的过程，而不是一个个彼此割裂的时段。塑造的关键在于"正面强化"，这个方法比惩罚更有效。

什么是正面强化呢？比如，当孩子刷牙时，哪怕有 31 颗牙都没刷好，但只要有一颗牙刷得好，我们也要关注那唯一的亮点。又如，孩子不肯好好学地理，我们不要责备他不肯踏踏实实地学习一个小时，而是要表扬他专注地学习了 10 分钟。如果孩子对某个小伙伴言语粗鲁，那么当他

[①] 行为塑造（Behavioral shaping）是一个术语，常常被用在行为修正的课程当中。行为修正课程往往是对正确的行为模式进行强化，直至预期的行为习惯形成为止。在本书中，这个术语用来描述持续的、不间断的关注。这种关注需要当场投入到孩子身上，这样才能在问题出现的第一时间实现纠正，而不是拖延到其他时间。所谓"塑造"，则是用来描述行为进化形成的连续性，即调整和培养要时刻进行，永远没有"完美"的境地。

第 17 章
雄鹰的两扇翅膀

第一次有礼貌地讲话时，我们就要抓住机会给予肯定。这些行为就构成了正面强化。

一旦我们发现了孩子的正面行为，尤其是当他们动机良好时，我们就要帮助他们为这样的行为设置一盏灯。像花儿一样，孩子也是有趋光性的。关键在于我们相信孩子会因为善举还是惩罚而被激发出动力？对这个问题的回答决定了我们全部的教养方法。

举例来说，如果孩子考试得了 C，责备和惩罚也无助于解决这个问题。他们是否尊重自己的局限，是否能尽力克服自己的局限？他们能否接受自己的平庸，从而接受现实？他们是否对学习内容感兴趣，并对学习乐在其中？他们是否积极投入学校的各项活动？这些都是此刻的关键问题，而不是到底得了多少分。

当我们关注着成绩和发展表，对自己说："我知道我的孩子可以做得更好，所以我必须敦促他（或她）。"我们期望的是让他们得到 A，或是在两岁前学会自己上厕所。如此一来，我们就看不到分数 C 中的闪光点，也看不到所谓"懒惰""缺乏动力""注意力不足"等问题的正面意义。而觉醒的父母却能从一切行为中看到积极意义。

关于规则本身的规则

许多父母会因为饮食、穿衣、做功课等问题而每日陷入同孩子的斗争中。大多数此类斗争都与我们的自负感、虚荣心、控制欲有关。如果我们发现自己总是为一些小事同孩子纠缠，就可能表明我们对孩子过分关注了。

如果我们在某些无关宏旨的问题上固执己见，认为必须要让孩子学会敬畏规则，那么只能导致孩子变得像我们一样僵化不知变通，并将导致冲突无法缓和。孩子很快就会对我们的话置若罔闻。因为他们知道，我们只想让他们服从，而不顾及他们的意愿。这往往也会成为孩子偷窃和撒谎的诱因。

出于焦急的心理，我们会变得格外严厉，却没有什么特别的用意。我们只是担心孩子会失控，所以他们正常的犯错行为也会被视为叛逆或是对我们权威的冒犯。处处立规矩是不可能的。一个规矩太多的家庭迟早会崩溃。如果孩子在规矩森严的家庭里长大，没有足够的自由空间去尝试和探索，那他们就无法释放天性，也无法化解父母留下的僵化痕迹。

如果凡事都订立规则，孩子将会裹足不前。最糟糕的是，我们会给他们营造一种氛围，让他们觉得只要表达自己就得接受是否犯规的审查。要想让孩子尊重规则，帮助他们生活在安全的环境里，那我们就该让孩子熟稔规则，而不是每天用新的规则来压制他们。无论我们制订什么规则，都该让孩子拥有自由的空间，无需担心和忧虑。

重大规则和灵活性规则是有所不同的。我认为重大规则包括：睡觉、做功课、用餐、起床时要尊重父母的权威；当父母说"不"的时候，孩子要予以尊重；孩子要有自尊，包括保暖和注意安全；孩子要对他人抱有尊重的态度和礼貌的言语。

不幸的是，对我们和孩子来说，学习行为塑造的窗口没有敞开。行为塑造在孩子1～6岁时最为重要。在这个阶段里，孩子的日常行为将形成规范，比如做功课、洗澡、睡觉等。除非我们在此阶段中抓住机会塑造孩子的行为习惯，否则等到了青春期，他们的行为问题将会严重地爆发出来。如果孩子在8岁前还学不会尊重父母，等到18岁时再想让他们尊重父母就极其困难了。如果孩子到9岁时还无法安静专心地做功课，就很有可能永远受到这个问题的困扰。

如果我们希望自己制订的规则得到遵守，就需要认真地做好交流。经常出现的情况是，父母往往不能贯彻自己制订的规则，甚至无法坚持，但接下来却不明白孩子为什么会忽略规则。尊重他人与自我尊重的规则在游戏的早期就该订立好。如果我们不能教会孩子接纳与尊重我们的意愿，他们长大后就会觉得轻慢他人是无所谓的事。结果，我们教出了对他人缺乏同情心的捣蛋鬼。他们不仅无法维持同朋友的关系，还会常常受到同伴的孤立。

灵活性规则对孩子的健康成长没有重大影响。一旦重大规则确立了，父母和孩子就可以共同确立灵活性规则，这是可以慢慢讨论并逐渐达成共识的。孩子可以对我们说"不"，这样的精神交流过程可以持续不断地进行。孩子会看到，我们会施展权威，制定重大规则；同时也会看到，我们愿意出让一部分权利，让他们也有张扬个性与发表意见的权利。如此一来，行为塑造的过程就成了父母与孩子之间精神交流的过程。

灵活性规则让孩子获得了重要的人生教益，它使得孩子有机会表达自己的意见。他们了解了"予与取"的关系，也学会了协商谈判的技能——成人世界里一项极其重要的技能。灵活性规则可以包括：穿什么衣服，吃什么食物，追求什么业余爱好，读什么书，看什么电影，交什么朋友，以及如何打发闲暇时间等。通过对重大规则和灵活性规则的平衡掌握，孩子将学习如何遵守合理的限制，同时尊重对话的另一方。

当孩子进入青春期后，他们需要知道，自己无论想穿什么衣服都是被允许的（除非超越底线，影响到了自身的安全和健康）；他们也可以自由表达自己的兴趣和热情，选择自己的朋友。如果我们从小就教会他们如何尊重他人和自己，那么等他们长大后，我们也不用担心他们会失去这份尊严。

当我们同孩子讨论灵活性规则的时候，既要表现出弹性和韧性，又要以身作则，做出向孩子学习的姿态。我们要放下完美主义的身段，了解自身的不完美。唯有如此，我们才能解放自己，采取柔和的手段，用乐观精神和创造力化解潜在的紧张压抑。

当我们表现出谈判协商的意愿，去商讨一个解决方案时，要营造一种"齐心协力"的气氛。孩子会由此了解，在人际关系当中，要听取各方意见，使各方都能得到他们关心的结果。如此一来，孩子就可以敞开胸怀，力求用创造性的方法来满足所有人的需求。在今天这个日益多元的世界，这是尤为重要的一课。

为什么教导比惩罚更有效?

有时候,同孩子的不当行为针锋相对是无法避免的事。如果孩子做出轻率的行为,我们必须当场指出以引起他们的重视。例如,如果孩子打人、闹脾气,我们必须迅速介入。至于具体如何应对,则取决于孩子的成熟程度。

对于幼小的孩子,我们可以轻柔地抓住他们,亲昵地安抚他们,直到他们自己安静下来。因为这个年纪的孩子没有自制力,我们需要帮助他们。但是,如果青春期的孩子对我们言辞粗鲁,我们就得采用别的方法,避免同他们直接接触而火上浇油。

有时候,我们可以采用类似呵斥的策略,有时候则可以采用嬉笑、轻松或表扬等正面强化的方式。另一些时候,我们需要冷眼旁观,让他们自己去觉醒。唱歌、跳舞、表演都有可能是有效的办法,我们可以借助它们帮助孩子理解如何才能做到举止得当。通过上述或其他一些方法,孩子就可以消化规则并自觉遵守。我们可以先用制约的方式帮助孩子适应规则,然后让他们习以为常,最终让其内化为他们的品质和修养。

惩罚也许可以制止一种行为,也许不能,但肯定无法教会孩子如何用恰当的行为去替代不恰当的行为。与其用惩罚的方式,还不如用问题本身去引导孩子自我反省,通过积极的方式面对和解决问题。

如果孩子表现不好,而我们知道那是因为他们很疲倦,那么与其关注他们的不良表现,不如直接道出他们的感受:"你这会儿一定很累了。"如果他们为什么事情感到伤心,我们可以问:"你这样做是因为很伤心吧?"情感疗法的大门就此打开了。当我们了解孩子的情绪状态并走进他们心里,就可以向他们解释:"不管你感觉如何,都不该这样表现,咱们换一种方式表达你的感受吧。"我们可以教孩子直截了当地表达自己的感受,而不是借题发挥地胡闹。

如果孩子不能直接表达自己的感受,他们的身心就会寻找其他途径。

第 17 章
雄鹰的两扇翅膀

一旦同自己的内心世界割裂,他们就会受到驱使,到别的地方去寻找"失落的碎片"。这就很有可能导致自我破坏或伤害他人的行为。

当孩子表现得过分粘人或叛逆,开始偷窃,割伤自己,不肯洗澡,逃学等,就预示着他们在情感上有所缺失。通常,孩子的情感状态都会通过身体表现出来,比如偏头痛、肚子疼或紧张失措。当孩子同自己的真实情感隔离开来以致于身体无法承受时,就会表现出一些不适的症状。他们可能实在无力扮演取悦者或优等生的角色(甚至也无力扮演一个叛逆的"坏孩子"),所以最终垮了下来,首当其冲的就是他们的身体。

作为父母,我们在面对这类"寻求注意"的症状时难免心生焦虑。例如,如果孩子的功课不及格,我们就会生气,然后采取一些控制的手段。如果孩子的身体有什么不适,我们就会带他们去看一个又一个专家门诊。身体的症状尤为棘手,因为它们总有可能是生理原因造成的。困难在于,我们总会不经意地强化孩子的观念——他们的身体有问题,而不是挖掘其背后的情感问题。因此,为孩子留下自由空间就显得尤为重要,这样他们才能从容地表达情感和情绪。

当我们明白孩子的正面与负面行为都来自于内在的情感状态时,就可以引导他们直接坦率地表达情感。这意味着,当他们生气时就径直表现出来,而不是用破坏性的行为来宣泄气愤。同理,由于他们意识到自己在生气,所以不会再做出转移发泄的行为。由于我们教导他们要不断叩问自己的情感世界,所以他们不会再通过鲁莽的行为来赢得注意。由于他们感到自己被聆听,所以无需再博取关注。他们一旦感到自己获得了接纳与认同,就不会再将情感上的痛楚转化为负面行为了。

当孩子听到我们坦率直接、实事求是地表达感情,他们就会模仿。我们无需大喊大叫也能表达感情。如果我们与孩子之间出现什么问题,完全可以对他们说:"关于这件事,请把你的想法告诉我,我也会同你分享我的观点。"要让孩子明白,他们的感情与我们的感情同样重要,这一点很关键。

无论何时当我们请孩子谈论他们所受的困扰，假如涉及到我们所做的事情，那就不妨对他们说："请告诉我，你认为我做错了什么、该怎么改正。我想仔细听听到底是什么事情害你受伤。尽管说出来吧，没人会批评你。"在这样的场合之中，我们要作好准备坦承自己的错误。我们可以告诉孩子："我知道别人不尊重我是什么滋味。很抱歉我也让你感到不受尊重。咱们好好想想，让彼此都感到对方的尊重吧。"

如果孩子偷了东西，我们最好能问问自己："我的哪些表现令我的孩子觉得非偷东西不可？孩子内心缺少什么东西才会用偷窃作为补偿？"这是个好机会，可以让我们找到孩子行为的根源。孩子的行为绝不是空穴来风，一定有着潜在的心理原因。我们的责任就是去发现它。

想象自己是一个引导者而非一个纪律实施者，用一种易于接受的方式引领孩子走进现实。保持连贯性是很重要的。我们不能塑造一种行为而不管下一个，或今天开展行为塑造，第二天就放弃了。如果我们今天冲着孩子的一个行为尖叫制止，第二天就忽略它，那么孩子会反过来驾驭我们。

乖张行为反映的是未被满足的情感需求

当孩子表现得异常乖戾时，我们很少意识到他们可能是在呐喊："请帮帮我！"

但实际上，他们是在说："请制止我的行为，否则我就要伤及自己或他人了；我想知道自己怎样才能有所克制，因为我也不喜欢失控的感觉。我不愿因为伤害他人而内疚，也不想时刻感到惭愧。我是个好人。请帮我表达我的善意。我不想狂野叛逆。这样的感觉并不好受。"

当孩子又踢又咬，甚至酗酒、涉毒的时候，我们要想听到这种潜藏的祈求是很难的。因为那些极端行为会使我们害怕，所以要从表象深入内心可能会很困难。然而，要想深入地探寻孩子，我们必须明白，他们的行为是因为情感需求没有得到满足。

第17章
雄鹰的两扇翅膀

行为塑造的理论认为，孩子表现不良的原因并非他们存在什么过错或需要被惩戒；相反，它认为孩子是好人，只不过很难用克制的方式表达情感而已。如果我们不弄清孩子行为背后的情感问题是什么，那他们表面上的不良行为就不会停止。孩子越是能够直接坦然地表达情感，其乖张行为就会越少。情绪的自我调控始终是行为塑造的目标。

我想强调一个关键问题。行为塑造同孩子的成熟度相关，而不是同某个具体行为或某个年龄段相关。因此，就像学校安排考试以检查学生的学业进度一样，我们也需要定期检测孩子情感开发的程度。我不是建议搞一个正式的测试，只是希望我们通过观察来加深对孩子发育水平的理解，而不仅仅是"估计"。

有些孩子比同龄人成熟，有些则比较滞后。由于我们受到传统年龄概念的影响太深，所以无法认识到每个个体儿童的情绪状态。揠苗助长只能带来徒劳无功的结果，甚至会破坏孩子的自尊。当我们因为孩子"在这个年纪不该是这样"而感到挫败时，不妨明智地考虑一下，年龄只不过是个参考，不能因此而削弱孩子的精神。因此，最好不要将自己的孩子与同龄孩子盲目攀比。

对每个孩子都要因人而异地采取不同方法。有些孩子比较适合正面强化的方法，并在此激励下一步步前进。另一些人则更适合接受规则与教条，他们也同样能够开发出丰富的情感，并由此激发出创造力。孩子的具体情况决定了我们所采取的具体方法。

我女儿在情商发育的某些领域中表现得聪颖过人，至少比她的年龄超前了两年。在另一些领域里，她则处于甚至低于平均水平。如果我做不到对这些领域心中有数，就会想当然地按照传统的观念去衡量她。如果我不了解她的情感发育程度，那么我对她的克制教育很可能会举措不当。

当孩子举止乖张的时候，我们最好问问自己如下这些问题：

孩子举止不当，到底是因为情感发育不成熟还是在完全有判断力的情

况下纯粹违规；

孩子能否完成他们面前的一切任务？这些任务是否超出了他们的能力范畴？

孩子是否需要我们给予他们更高水平的回应，因为他们的发育水平超前？

如果孩子表现不好是由于不成熟而缺乏判断力，我们就要立即调整方向。不要再扮演纪律的权威，而要做个谆谆的教育者。要摒弃"非此即彼"的僵化态度，一切以孩子当下的需求为首要标准。

我们在孩子的行为当中有没有发挥作用？

如果孩子的行为乖戾叛逆或总是定期发作，我们应该检讨一下，看看自己对此是否负有责任。孩子反叛不守规矩，是因为他们总是得到豁免并习以为常。的确，有些孩子非常情绪化，然而只有在同我们相处的过程中，这种情绪才会转化为叛逆。除非我们认识到这一点，否则就会误以为孩子很"坏"。

如果5岁的孩子闹脾气，我们应立即制止他们，然后告诉他们还有其他更好的方法可以对付心里的感觉。如果6岁的孩子冲着我们吐舌头，我们不能不了了之，必须严厉地看着他们，明确告诉他们这是绝对不允许的行为。如果7岁的孩子同我们讨价还价，想多看看电视或多吃几粒糖，我们就要设置底线，不许他们反过来操纵我们。如果8岁的孩子对我们摔门，我们可以安静地走进卧室，同时毫不含糊地告诉他们不得无礼。如果9岁的孩子做功课时不专心，我们可以不分早晚地陪他们坐着，直到他们能够静下心来认真对待自己的功课；我们绝不能替孩子做功课，只有当他们确实无法独自完成时才能伸出援手。如果10岁的孩子假装没听见我们说话，我们应当场有所反应，告诉他们这样的行为是不能接受的。如果11岁的孩子偷窃或撒谎，我们必须坚决严厉地制止。总之，我们必须足

第17章
雄鹰的两扇翅膀

够重视孩子的行为。

我想提供几个真实的案例,用来解释这些方法是如何实践的。

一位母亲要求女儿将鞋子捡起来放回柜子,但女儿不理不睬。母亲又说了一遍,女儿还是不理。于是,母亲不再说什么了,自己把鞋子捡起来放进了鞋柜。那么,正确的应对方式是怎样的呢?母亲要为女儿提供一个自我纠正的机会。如果女儿不听,母亲应该就事论事地继续引导她——手把手地示范或口头教育,但不要用情绪化的态度对待女儿,也不要意气用事地解读女儿的行为。有一点很重要,在事情没有解决之前,母亲不要脱身。如果母亲表现得足够亲切真诚,女儿一定会有所回应,因为真正的诚意是有魔力的。如果女儿听从了建议,母亲就应表扬她,因为她维护了房间的整洁,为其他人的生活提供了方便。

一位父亲要求儿子把电视关了,去做功课;儿子没有理会。父亲开始咆哮,儿子还是不理不睬。父亲大呼儿子的名字,儿子依旧置若罔闻。最后,父亲放弃了,他被气坏了。我们可以改写一下这个场景。当儿子不理会的时候,父亲应该告诉他:"我再说一遍,该关电视了。"如果儿子还是不理睬,父亲可以走进儿子的视野,平静地(而不是生气地)拿起遥控器,自己把电视关掉。然后,父亲可以向儿子解释,如果他下一次肯接受建议,就会得到信任与尊重。不管儿子如何哭闹或央求,当晚都不能再打开电视。第二天晚上,如果儿子想看电视,父亲就要明确讲清道理与要求,然后再将遥控器递给他。由于这天晚上没有因为电视而发生争执,所以父亲要表扬儿子,因为他的行为有所改进。

两个孩子在桌前忙着画画。他们的母亲要求他们画完以后清理桌面,然后就离开了。孩子没有听从母亲的指令。但母亲没有任何反应,而是叫女佣来清理。正确的做法应当是,母亲留在屋里,如果孩子不加理睬,她就拿走他们的颜料。等孩子清理完毕,母亲再表扬他们做得对。

一个6岁的女孩画了张漂亮的画,拿去给母亲看。母亲忙着打电话,忽略了女儿。女孩又画了一张更大更漂亮的画,可母亲再次把她打发走

239

了。女儿于是开始拍打她的小弟弟。母亲喝道:"你是个坏女孩!"那一刻,母亲不该斥责和羞辱女儿,而应该向她解释:"如果你打了小弟弟,他会是什么感受呢?"与其将女儿批评得体无完肤,还不如要求姐弟俩安安静静地一道玩耍。理想的情况是,母亲能够回顾一下事情的来龙去脉,了解女儿的心理。开始的时候,母亲应该表扬女儿的画,同时向女儿解释,因为自己很忙,所以请她自己去玩。如此,孩子情感上的期望就得到了满足。

一个8岁的男孩每天放学后都独自一人在家。他的父母回家后,总是忙着家务和公司里的事。所以,男孩很孤单。有一次,他玩起了火柴,也没人注意到。男孩想知道究竟有没有人关心他。但即便他在自己的房间里点火,依旧没人理会他。随后,男孩在学校里放了一把火,于是被停了课。结果,他的父母把他在家里关了3个月。孩子因为玩火而遭遇停课,父母应该正确对待,把它当成是一个警钟。他们可以去找咨询师,然后理解孩子的心理——他其实是在博取关注。父母应该为自己忽略孩子而道歉,然后调整一下工作时间,或者安排其他人帮忙,以确保孩子回家时有成年人在。最重要的是,这对父母每天都应该花些时间同孩子相处。

孩子不会欣然接受我们的每一个要求,也不应该这样做。话虽如此,但孩子需要明白自己行为的底线,以便清楚什么该做、什么不该做。我们应该发自肺腑、富有责任感地教导孩子。我们当然也有权受到尊重,但不是虚荣地索要尊重,而是真诚地赢得尊重。

如果我们留意灵活性与组织性之间的平衡,就可以让孩子在一个合理的范围内既能自由玩耍,又能自然表达。如果他们犯规了,那就要面对纪律。父母的介入和放手是一场连贯的舞蹈,孩子将在这个过程中学会自我约束。

首先,我们要清楚底线是什么。很多父母害怕进入孩子的内心,于是温柔而坚定地把孩子扛在肩上,随时指点孩子该何去何从。因为父母害怕针锋相对,不敢承担权威的职责,于是便由着孩子任性行事。他们宁愿在出现问题时抓狂，也不愿在必要的时刻纠正孩子的行为。

有个典型的例子。罗宾有个4岁的女儿乔林。乔林一向不喜欢午睡，即便到了晚上也不安稳。由于她总是很兴奋，所以很难入睡。每晚睡觉时，乔林往往哭闹不绝。罗宾经常比女儿更早睡着，因为乔林会一直熬到半夜一两点。睡眠不足自然会影响一个人白天的工作效率。"她就是不肯睡，"罗宾说，"我怎么能强迫她呢？"

在罗宾看来，每天要女儿在固定时段躺下睡觉，违背了孩子的意愿。身为母亲，她没有认识到，强制执行规则正是为了女儿的健康成长。罗宾应该牵着乔林的手，带她上床，替她盖好被子。如果乔林从床上溜下来，罗宾应该温和地再次把她安顿好。如果她再逃下床来，罗宾就再带她回去，但这次无需多花时间去安抚她。一切都应该顺势而行。如果反复几次是必要的，也只得如此。但罗宾需要对这一切保持耐心，不能发脾气，这一条很关键。经过几个晚上的反复，乔林就会改变节律，这对孩子来说是最佳的结果。如果没有这样的组织性，乔林就会一味使性子，这会为将来的问题埋下种子。对幼儿来说，按时睡觉是不容商量的规则。如果父母表现坚决，那么孩子就不会为这样的问题讨价还价。罗宾的问题就是，她不知道怎样才能做得干净利索。

为什么可爱的宝贝变成了叛逆的少年？

尽管我们已经讨论过少年叛逆的问题，但由于它是当前许多父母关心的问题，所以我想回到这个题目再做些补充。

问题少年不是一朝一夕形成的。他们的问题是被压制的真实与虚假的承诺长久作用的结果。他们一直在缓慢地死亡，所以不得不通过每天的战斗来体验活着的感觉。没有一个孩子愿意做"坏人"，他们只是找不到其他出路。孩子之所以变成叛逆少年，是因为缺乏真实性、包容心以及与父母之间的联系，或是这几项的混合。例如，如果孩子缺少同父母之间

的联系,那么当他们进入青春期后,就想要通过一种夸张惹眼的方式来博取关注。

无论何时当孩子出现了叛逆行为,一定都有着潜在动机。如果不是因为他们受到父母负面的关注,就是因为他们还未学会尊重他人的意愿。他们违反规则却不必承担后果。如果孩子出现了棘手的问题,请别意气用事,先问问自己如下这些问题:

孩子如此表现是不是因为我们不能一以贯之地坚持原则?

我们是否明确规定孩子的哪些行为是绝对不允许的?我们是否有过模棱两可的时候?

我们是否需要重新审视自己的期望值,然后调整对孩子情商的认识?

我们的控制欲是否被激发了,对孩子的反应是否由此而来?

我们对孩子是否过于僵化粗暴,非得"我说了算"?

孩子是否唤起了我们的无助感或无力感?

孩子是否感到我们不愿面对冲突,所以变本加厉地惹恼我们?

是否由于我们不相信自己,所以也不相信自己能够赢得孩子的尊重?

我们是否太忙,以致于只有当孩子表现不佳时才能引起我们的关注?

我们对失败的承受力是否过低、是否过于焦虑,以致于不能同孩子对话协商?

我们是否过于紧张,以致于只要感到事态稍有失控就会发作?

在同家人相处一天后,我们是否会由于厌烦而发泄情绪?

我们此刻是否感到空虚,以致于不能与孩子共同享受当下?

我们是否为不知如何回应孩子的情感模式而感到焦虑?

我们是否迫使自己与孩子必须正确行事,而一旦事情没有按计划展开,我们就会失去方寸?

当我们无法认清自己的感受时,就会责怪孩子"造成"了我们的某种感受，这又会引发他们的不良感受。我们越是将自己的焦虑转嫁给孩子，他们就越是会将我们的情绪留在自己身上，这意味着他们的行为也会失去基准。而他们的状态又会激起我们更大的反弹。如此一来，痛苦变成了循环，从一代人传到另一代人身上。

尽管一方的情绪能量会牵动另一方的情绪状态，但我们一定要明白，没有人会"造成"我们的某种感觉。不管表象如何，没有人具备这个能力。如果愤怒、无助、挫败、紧张的种子不曾留在我们体内，它们就不会发芽长大。但只要我们感到无助或某种程度的失控，那么稍有蛛丝马迹我们就会产生大权旁落的感觉，以致于无法管束孩子，或者会将挫败感宣泄到他们身上。孩子能在多大程度上激怒我们，反映的是我们自身的恼怒达到了何种程度。

一旦我们明白他人不可能导致自己的苦恼，就能够放下生命中的沉重包袱与情感烙印。这将使我们改变同他人交往的能量空间，一切问题也会随之迎刃而解。我们既不必把自己看作是受害者或胜利者，也不必把自己看作是牺牲者或幸存者。我们不再需要通过营造戏剧效果来生活。如果有时我们难免受到触发，那么也能在伤及他人之前控制自己的反应。

反过来，我们只有对自己抱有积极正面的态度，才能对孩子也抱有同样的看法。我们只有对自己充满信心，才能引导孩子充满自信。因为只有发乎内才能行乎外。外在的表现会影响孩子，进而又会影响我们，这是一个循环往复的过程。从深层次上看，一切都不能割裂开来。我们同孩子是一个整体，他们是我们内心的一面镜子，是我们的精神向导。

高压战术只会适得其反

许多父母认为，如果他们让孩子害怕或实行严惩措施，孩子就会学着按规矩办事。其实恰恰相反，当孩子畏惧我们时反而会丧失做一个好人的内在动力。如果我们想有效地约束孩子，就要紧握权威、坚定执行，并深化与孩子间的情感联系。恐怖战术只能削弱我们同孩子之间的纽带。

如果我们想一蹴而就地解决孩子的行为问题，那么从长远来看一定会感到失望。在为人父母的道路上，没有干脆利索的捷径。"粗糙的爱"最终只能带来怨恨。我们的任务是收敛起严厉的态度，这样孩子才能学着调动自己内在的资源，去理解既定情境下的正确或错误行为。尽管急躁的家长每隔一段时间都会责备孩子，甚至大喊大叫（就像我在海边对女儿所做的那样）；但如果我们想富有觉悟地教养孩子，就不能将之作为常态。

如果我们采用了严厉的战术，比如斥责，就会引起孩子的负罪感和焦虑感。在这样的情况下，他们既不会自尊，也不会尊重我们。孩子如果感觉不到尊重，就会产生负罪感，这将导致他们变得空虚，并对他人缺乏同情。因为没有一个孩子不希望得到尊重与包容。

觉醒的行为塑造方式需要让孩子获得转变，让他们不再感到威胁，不再承受恶意。它寻求的是一种让长幼双方的需要都能得到满足的行为方式。因此，对话就不能是单向的。我们必须时刻自问，我们到底是出于自身需要还是为了服务孩子而对他们的行为作出反应。对孩子的反馈，我们必须敞开怀抱。纪律约束不应当是这样的："你就按照我说的做。"它必须包括："这些是规则，不过你有自己摸索的自由，我愿意听取你的意见。"富有觉悟的纪律约束既要求孩子听从指令，同时也允许他们自由地表达感情。

身为成年人，我们承受挫败的能力植根于我们的童年。说得更准确些，它涉及我们父母的能力——教我们怎样应对拒绝，以及怎样处理心里遗留的情绪。许多父母会对孩子说"不"，但却不会帮助他们处理由此产生的情绪。我们之所以羞于帮助孩子审视他们的失望，是因为我们也没有详细审视过自己生活中的失望。我们要么否定孩子的感受，要么试图敷衍了事，用一种相当无效的方式安抚他们，转移他们的注意力。孩子就这样学会了逃避不快乐和不舒适。等到了青春期，他们将会使用极端的手段进行自我疗愈。

第17章
雄鹰的两扇翅膀

孩子必须早点学着同自己的情绪协商,尤其是在遭遇拒绝时,否则他们就无法应对未来生活中的一切失落。他们会表现得如同一个两岁的幼儿——闹脾气,或者采用成年人的方式——酗酒、吸毒。我们很少有人意识到,自己的行为有多少是自暴自弃。一切的根源在于我们不能自我安慰,不能容忍生活的本来面目。

孩子需要安慰,也需要被赋予权力,父母要时刻牢记这一点。在任何形式的行为纠正过后,我们都需要给孩子讲故事、拥抱他们、与他们交谈……具体方式取决于他们的年龄和需求。行为纠正绝不能影响长幼间的感情。

孩子的行为习惯不是在真空中形成的,而是同我们实施权威的妥当与否有关。权威不同于虚荣自负,它源自真实的存在。当我们陷于传统的**我与你**的对立模式中时,将会失去权力,以及应对问题时的创造力。于是,我们会认为孩子剥夺了我们的理智、时间、尊严、荣誉感、掌控力。他们不再与我们并肩作战,而变得与我们对立起来。与其陷入"我与你"的对抗之中,我们倒不如对自己说:"周围所有人都是我的一面镜子。"我们不妨用全然不同的模式去应对刺激。传统的长幼关系将会让位于新的认识:孩子往往比我们明智,可以在精神上引领我们,就像我们引导他们那样有效。

让我来举例说明这个方法是怎样奏效的吧。有一对父女,在女儿幼年时,父女关系很亲密。如今,随着女儿进入青春期,父女关系也进入了一个"功能失调"的阶段。于是,女儿与父亲几乎不再交谈,她的功课也开始不及格。

女儿感觉自己受到了孤立与责备。"爸爸总觉得我在撒谎,不信任我。他完全不了解我。"在我们谈话时,她伤心地说。由于女儿感到自己被误解、被忽视,所以就通过撒谎的方式向父亲的严厉控制发出警告。"我曾经很在乎,可现在我根本不在意是否撒谎,说假话要容易得多。"她告诉我。

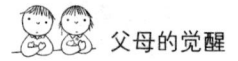

到了无计可施的时候,父亲只能反复地说:"她总是对我撒谎,她必须停止撒谎。"他制止女儿撒谎的办法就是变得越发苛刻,越发加强对她的控制。他定期审问女儿,父女俩在一起时总是围绕着"说实话"这个问题。"为人父"已经成了他的沉重包袱,他完全陷入了恐惧之中。

我向这位父亲表明,他与女儿的关系已经失去了人性色彩,无法给人温暖和慰藉。他才意识到,过去的线性关系已经到了必须改变的时刻。他逐渐改善同女儿相处的质量,重新同她结成了同盟。他意识到,如果他与女儿之间没有结成坚强的同盟,那么纪律只能撕裂父女关系。于是,这位父亲摒弃了"家长"模式,开始把女儿当朋友一样看待。他花了几周时间,饶有兴趣地关心女儿的生活。结果,她的行为得到了改善。她变得开心起来,易于接近,也不经常撒谎了。因为她感受到了父亲的关爱以及父女之间的亲密联系。如果没有健康的情感关系,就不可能有正常的行为纠正。

当我们反复动作而没有结果的时候,就该停下来问问自己:"既然不奏效,我为何还要这么做?"问题的症结往往在于,我们看待孩子的方式出了问题,无论对于孩子还是自己都没有好处。一旦我们改弦更张,长幼关系自然就会有所转变。问题在于,我们愿意改弦更张吗?

如何执行"不"?

我们都不喜欢听别人说"不"。原因之一是,对于很多人来说,"不"包含着来自过去的威胁性信息,它唤起的记忆或许是严苛的父母或无助的童年。

纵然我们已经成年,但当我们听到"不"的时候,依旧想像个两岁的孩子一样闹闹情绪、踢腾两脚,或者干脆躺到地上大哭大闹直至脸色发青。当然,我们知道自己不能这样,于是会采取一些比较斯文的办法,比如发发牢骚、生生闷气、传传谣言。我们还会捶打枕头或是在自己的车里诅咒。不论我们处在什么年纪,"不"听起来依然刺耳。然而,我们每天

第17章
雄鹰的两扇翅膀

都会无数次地对孩子说出这个字,也不管他们会有什么感受。

当我们偏执而不肯通融的时候,就会毫无禁忌地说出"不"字。孩子或者充耳不闻,或者更糟——干脆直接造反。如果我们对"不"字无法运用自如,那么不管说多少次,孩子依然不会听从我们。只有当我们全心期待被倾听的时候,孩子才愿意听取我们的意见。这意味着,我们必须期待尊重与尊严;当然,我们的底线也不容逾越。

换句话说,正如孩子需要舒舒服服地听取"不"字,身为父母的我们也要从容安详地把"不"字说出口。如果我们不能从容地对待"不"字,那么等孩子到了青春期,就很有可能变得目中无人、放荡不羁。然而,如何说"不",在什么情境下说"不",都是很关键的。我们能否富有觉悟地说"不"——对孩子的行为进行真实的反馈,而不是借机表达自己的意见?如果我们保持觉醒的状态,就能够理直气壮地说"不",既不会感到愧疚,也不会优柔寡断。

有时候,我们不能有效地说"不",因为我们觉得自己没有权利这么说;因为在很久以前,父母剥夺了我们追求自尊的权利。自尊是尊重他人的前提。如果我们不尊重自己,那么不论孩子还是他人都不会尊重我们。如果我们在说"不"的时候,不清楚自己为何如此反应,孩子就会反过来操纵我们。关键在于,我们要明确自己为何那样说,做到言行如一、表里一致。

当孩子的自负感作祟时,他们需要真诚的鼓励以回到当下。在这种时候,我们需要将自己的存在投射给孩子。有时,我们需要毫不含糊地施加自己的意志。但是,这完全不同于那种作法:不顾孩子的需求,毫无意识地将自己的行事方法强加给他们。

苏珊是个单亲母亲,她对前青春期的女儿玛丽安失去了控制。玛丽安年幼时是个小天使,母女俩相处得非常融洽。但是,当玛丽安开始张扬自己的个性时,苏珊却不知道如何应对女儿越来越强的独立性,也不知道如何积极回应女儿对于自主与赋权的需求。于是,玛丽安对独立自主的强烈渴求压过了苏珊的价值感。

苏珊同女儿的斗争源于自身的成长经历。她的母亲苛刻、粗暴，不仅常常贬低她，甚至还让她觉得自己是个有缺陷的人。结果，苏珊伴随着心理阴影长大成人，总是无法摆脱一系列的虐待关系，找不到尊重她的伴侣。不仅如此，她还一直在同肥胖与背痛作着斗争。

苏珊的自尊意识很弱，从来不在女儿面前争取尊严。她对自己的原则与底线也不坚定，甚至不给孩子设定任何限制。当7岁的玛丽安犯错时，苏珊没有制止；当8岁的玛丽安打她时，苏珊不置一词；当9岁的玛丽安弄坏了苏珊心爱的项链并拒绝道歉时，苏珊没有提出异议；而当12岁的玛丽安第一次与朋友出门时，苏珊也没有给女儿规定宵禁时间。换句话说，苏珊没有意识到，自己按照母亲的粗暴形象塑造了女儿。她不自觉地在女儿心里播下了不敬的种子，而她则习惯于扮演受害者的角色。

我们需要问问自己：到底是以往没有解决的问题在驱使我们，还是我们真心想要帮助孩子？这种跟随亲子关系调整与改变自我的意愿，标志着我们向富有觉悟的教养的转变。

如何向孩子传递"不"的信息取决于他们的脾性。乖巧听话的孩子更为敏感，所以一般也显得更为顺从。有时父母只需一个眼神，就能制止他们的不当行为。然而，他们往往也容易讨好父母。因此，这类孩子的父母应注意不要施加太多权威，免得孩子将来变得优柔寡断，甚至胆小怯懦。有些性格比较强硬的孩子就不能单靠眼神解决问题了。他们经常招惹麻烦，因为他们不仅独立，而且任性固执，甚至暴躁鲁莽。针对这类孩子，父母必须保持一种艰难的平衡：在善意的前提下加强约束的力度。一切纪律的落实与维护都要辅以和风细雨的氛围，这一点很重要。

当孩子经历叛逆反抗期时，我们发现自己必须常常对他们说"不"。既然这只是孩子成长中的一个阶段，那么父母日以继夜地陪伴他们也无可厚非。问题在于，许多父母几天后就体力不支了。当孩子将筋疲力尽的父母甩在后面时，就会觉得自己有权继续折腾了。

第17章
雄鹰的两扇翅膀

如果孩子表现得很叛逆，我们需要停下来深呼吸，然后问问自己："孩子是触犯了重大规则还是灵活性规则？"如果孩子在重大规则上拒绝让步，那我们就得采取行动。至于灵活性规则，我们完全可以明智地谈判或妥协。如果需要采取行动，我们可以采取隔离禁闭的方法，或没收孩子感兴趣的物品，比如玩具、电视、电脑。我们已经明白该如何说"不"，语气既不能犹疑也不能专横。一旦孩子看到我们言出必行，他们就会建立起条件反射。行动要想有效，那就不能是惩罚性的、专横的，必须是坚定而连贯的。

孩子需要学会面对"不"字，需要时间建立自我安慰的机制，然后恢复到平衡的状态。我告诉女儿："我无法消除你的挫败感，也不想消除，但我可以陪你一起面对它。"应对挫败感的前提是允许它的存在。当海浪袭来的时候，我们随波逐浪。通过对觉醒、接受、忍耐的实践，孩子将学会调控自己的情绪。

当孩子幼年时，我们可以帮助他们奠定基础，以便他们将来能够自己处理感情。为了实现这个目标，我们不妨使用一种为各种感觉命名的技巧。另一种方法是，我们陪着孩子把他们的感受与情绪画出来或写出来。还有一个方式，我们可以鼓励孩子通过呼吸将情绪排泄出去。

很多时候，"不"字带来的情绪与感受很快就会被消化掉。在另外一些情况下，孩子也许有话想说，有情绪想要表达。如果我们不能帮助孩子应对挫败感，他们便会把感受埋在心底。我们的任务是倾听他们，告诉他们感到挫败是很正常的。"咱们和你的感受一道坐坐吧。"我会对女儿这样说，然后我们便一起观察内心的感受。

当有人对孩子说"不"后，询问他们有什么感受，是一种有益的方法。生活中不可能事事如意，这是困难却重要的一课。不过，如果我们能认清它，"不"字是可以带来创造力的。如果眼前的事情无法满足孩子的心愿，那他们能否在其他事情上或其他地方得偿所愿呢？如果我们与孩子一道找寻有创意的答案，就能为他们提供一个应对"不"字的强大工具。

在探讨了如何说"不"以及如何应对它所带来的感受之后,我想提出一些建议——关于毫不含糊地说"是":

对努力说"是",对成绩默然;

对探索说"是",对收获默然;

对一无所知说"是",对无所不知默然;

对积极求知说"是",对死记硬背默然;

对奋斗说"是",对成功默然;

对求知好奇说"是",对固步自封默然;

对本质真实说"是",对急功近利默然;

对想象说"是",对模仿默然;

对勇敢冒险说"是",对安于现状默然;

对呐喊说"是",对压抑默然;

对慷慨说"是",对贪婪默然;

对创造力说"是",对死读书默然;

对参与说"是",对输赢默然。

时机很关键

我们常犯的一个错误就是,试图在与孩子激烈冲突的时刻教导他们如何妥善行事。制止孩子的不当行为是很重要的,但孩子如果没有冷静下来,就无法认识自己行为的深层意义。这意味着,我们必须等到一天或一周后,再同他们回顾之前发生的事。

有一次,我的女儿玩得不亦乐乎,不愿意停止游戏。但当时我们必须得离开,没有商量的余地。我抱起她扛在肩上,把她放进车里。她哭了一路。看到她这么不听话,我很生气,想和她谈谈。可当我给她讲道理的时候,她根本不理我。我心里充满了情绪,而她也不理解我为什么要对她发脾气。过了几天，在安顿女儿上床睡觉时，我重温了这件事。我模仿她当时的表现，表达她的情绪，展示她不讲道理的行为。

孩子通过我们的演示看到自己的行为后，就有机会进行自我观照和反省。通过这种方式，我们可以同他们一起想办法，看看怎样处理才能对双方都有利。这能让孩子感到自己被赋予了权力与尊严，因为他们有权自我管理，而不是事事由人。

在随后的交谈中，女儿向我解释："对不起，可是我舍不得离开朋友们。"我表示理解，认为她舍不得离开朋友是正常的。我还明确地表示，虽然做起来有困难，但并不意味着她可以忽视我订立的规则。为了表明我对她真诚的欣赏，我请她帮我想想如何解决这个问题。如果你是妈妈，那你会怎么做呢？她要求我事先发出三次警告，以便让她在离开朋友前有所准备。由于头脑不再发热，所以她能够处理自己的感情，并拿出积极的行动。

正是通过这样一些方法，教养孩子才有可能成为一场富有创造性的旅程，让父母与孩子都从中受益。在此过程中，每一刻都是精神的相遇。父母与孩子在精神之旅中携手舞蹈，乐在其中。

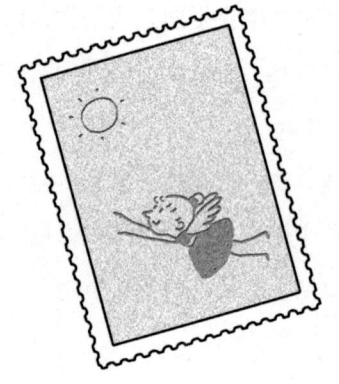

后 记

理解我们共同的不觉醒

要想实现真实持久的改变,唯一的办法就是彻底了解究竟需要改变什么。

当我们承担起走向觉醒的任务,就会意识到,许多不同类型的因素纠缠在一起,造成了觉醒的欠缺。每个人不觉醒的形式与表现往往都是好几代人遗传的结果——不仅来自我们的祖辈,也来自文化的土壤。换句话说,社会(包括我们同辈的群体)与我们的父母扮演着同等重要的角色。的确,当我们研究不觉醒现象时会发现,我们同身边的人、同与自己发生关联的人,相互依赖的程度是何等地深。我们会意识到,自己的不觉醒同周围所有人的不觉醒是相互联系的。

要想成为觉醒的父母,我们就得学会用觉醒的方法应对现实,而不是冲动盲目地行事;我们需要运用理智而不是消极地反应,需要用积极的心态去克服消极的条件。我们要认识到,孩子的深层需求、固有天性都与我们紧密相连。如果孩子同我们相离相背,就说明我们没有满足他们的情感需求,或没有教会他们如何应对自身的情感需求。

 父母的觉醒

我们都身在其中

要想成为觉醒的父母,我们需要认清自己的不觉醒,并了解它是如何使孩子受到伤害的。

正是我们令孩子变得贪婪,因为我们给了他们"钻石",而不是"石头"和"棍棒";

正是我们令孩子不敢冒险,因为我们表扬他们的成功,而责备他们的失败;

正是我们令孩子对我们撒谎,因为他们讲实话时我们会发火;

正是我们令孩子变得乖戾,甚至对他人使用暴力,因为我们忽视他们的情感,拒绝无条件地接纳他们;

正是我们令孩子失去动力与热情,因为我们给予他们过多压力,要他们出人头地;

正是我们令孩子不尊敬我们,因为我们使他们失去自我;

正是我们令孩子变成了小坏蛋,因为我们控制他们的精神,压制他们的心声;

正是我们令孩子迷惑重重、不堪重负,因为我们给予他们很多外在的物质,却很少教他们反省内心;

正是我们令孩子精力涣散,因为我们用忙碌的活动淹没了他们,致使他们找不到宁静的空间;

正是我们令孩子只关注外部世界,因为我们把时间与精力花在了自己的外貌和得失上;

正是我们令孩子不尊重我们,因为在他们一次又一次对我们作出不敬之举时,我们都没有及时制止;

正是我们令孩子叛逆,因为我们不知道如何制订规则以及言出必行;

正是我们令孩子感到羞辱,因为我们总是评判他们,挫伤他们的心;

正是我们令孩子变得焦虑,因为我们自己无法享受当下,总是紧盯着未来;

正是我们令孩子讨厌他们自己,因为我们总是用自己的好恶来撕裂他们的情感;

正是我们令孩子不再信任这个世界,因为我们总是辜负他们的本真;

正是我们用自己的爱与不爱来左右孩子的爱与不爱。

我们会不由自主地受到习惯力量的驱使。要想摆脱惯性的力量,发乎本心地应对事物,并非一件易事。然而,要想做一名合格的家长,这是必须的。面对个性与独立意志的挑战,我们绝不能将自己习惯的方式强加在孩子身上,否则他们就会失去真实的自我。要想做一名觉醒的家长,我们就不能让孩子扭曲精神来迁就自己,而是要将心中的愤懑、苦涩与嫌怨化解,以便适应孩子的真实状态。

孩子的生活充实与否,很大程度上取决于他们同父母的情感关系如何。如果亲子关系不能提升他们同自己内心的联系,那他们饥渴的灵魂就会寻求其他途径来恢复这种联系。他们会追求外在的刺激:职场权力、时尚精品、珠宝、赌局、酒精、毒品,或者频繁地更换爱侣……但是,如果亲子关系能帮助孩子建立起与内在自我的积极对话,他们就能获得内心的宁静。这恰恰是生命绽放光彩的关键。

成为活在当下的父母

孩子需要父母提供情感指导、安全感、包容心。与此同时,孩子也需要进入父母的生活,教他们那些只有孩子才办得到的事:活在当下,活得真实,获得发自内心的快乐。在缺乏觉醒的教养过程中,成年人往往失落了这些东西。

身为父母,我们需要时刻与孩子一起活在当下,以便与他们共同应对数不胜数的事情。因此,我们临时生出来的小聪明、小技巧是靠不住的。觉醒的教养方式需要我们保持一种生机勃勃的状态,令孩子得以沉浸在同我们的情感关系当中,并由此学会跟随自己的内心行事,在生活中留下属于自己的独特印记。因此,我们以何种方式与内在的自我发生联系并活出真我,将会对孩子产生无与伦比的重要影响。

因此,我们需要时常向自己提问,以审视自己是否形成了活在当下的习惯:

我能否做到心思沉静?

我能否做到停止思想,只是感觉、倾听、品味自己每一刻的状态?

我能否开怀大笑,即使生活没有按照既定计划进行?

我能否同情他人,即使在自己受到伤害的情况下?

我尊重自己的身体吗?

我能够保持热情吗?

我热爱自己并非完美的生活吗?

我能否做到"我就是我",即使什么也不做,什么"出息"也没有?

我能否坦然面对内心深处的情感,不惧评判,也不感羞赧?

我能否从内心出发来观照整个世界?

如果我们能活在当下,孩子也能学会——不是通过言传,而是通过身教;不是来自我们给他们买的东西或送他们去的大学,而是来自我们的觉醒意识。

事实上,我们很少有人能够不受意志干扰地**体会自己的经验**,纯粹地同当下的体验为伍。我们常常不知不觉地陷入各种对立之中:此与彼、好与坏、我与你、欢乐与痛苦、过去与未来,当然还有父母与孩子。在这些纠结中,我们逐渐同世界剥离。我们意识不到自己造成了这样的分离,尽管我们一直都在这样做。

当我们新结识了一个人，立即就会对他品头论足。当我们观察过孩子，立即就会告诉自己："他不错。""她挺坏。"或"他们为何要这样表现？"我们时刻需要对世界的方方面面进行评判。按照现实的本来面目去对待它，这对我们来说很陌生。要做到完全活在当下而不是幻想之中，我们就要聆听自己的心声，摒除对过去与未来的成见；我们还要进入纯粹的体验当中，而不是透过成见的帷幕看世界。

每当我们无法活在当下的时候，就会难以接纳孩子的本真状态。于是，我们会将源于自身经验的理想强加在孩子身上。因为孩子是"我们的"，所以我们认为自己绝对有权这样做。于是，我们会用自己的方式抚养孩子，造成他们真实天性的萎缩。这相当于给社会添加了更多的不觉醒。我们的不觉醒应该由自己清理，而不该由孩子来继承。要想成为觉醒的父母，我们必须时时刻刻在各种情境下发现自己的不觉醒，并不断增强这种能力。

由觉醒的父母抚养长大的孩子，不仅能与自己和谐地相处，也能获得发自内心的愉悦；还能发现宇宙的丰富多彩，知道如何找寻源源不断的活水。这样的孩子会将生活视为自己的一个伙伴，怀着好奇、兴奋与敬畏之心去面对挑战。由于他们的成长过程中充满了宁静的内省与内在的快乐，所以当他们成为父母后，也会教导自己的孩子如何生活得快乐满足。

这样的快乐可以凭借充沛的动力滋润整个灵魂，而执著于权力与控制的游戏是有害无益的。不如以平常心应对万物，生活会由此充满治愈伤痛的活力并会代代相传下去。

附录

父母觉醒指南：对自己提出的问题

- 我的生活使命是什么？我如何表明自己的生活目的？

  我是否达到了某种高度，得以同更深层的生活目标相联系？

  我内心感到充实吗？

  我如何让每一天都过得有意义？

- 我最核心的自负感是什么？

  我是否执著于物质形式的成功？

  我是否执著于自己的形象以及在生活中扮演的角色，比如父母、伴侣、职场人士？

  我是否常常充满欲望？

  我是否正在经历富有或贫穷的状态？

  为何我会身处这样的状态？

  此刻我最割舍不下的东西是什么？无论它是什么，如果放手会怎么样？

- 我深层的恐惧是什么？

  我能否与深层的孤独相处，能否正视自己，能否直面恐惧？

  我能否缓解恐惧并与之坦然相处，而非通过控制和权力急切地消除它们?

我能否平静友好地对待自己最核心的恐惧,理解并释放它们?

- 我生活在什么样的"剧本"当中?

  我是否曾审视自己的过去,是否发现自己的生活建立在过去的家庭之上?

  我能否看到构建自己生活的主题?

  通过观察自己同他人的关系,我能否认清自己惯有的交往模式?

- 我继承了什么样的情感模式?

  如果生活同我的愿望相背,那么我典型的情绪反应是什么?

  我每天都是怎样料理生活的?

  我能否摆脱自己的情感印记,并且清醒地认识它们?

  我是否意识到自己是如何将情绪转嫁于孩子和伴侣的?

- 什么事情会刺激我的情绪?

  我何时会被笼罩在情绪之中?

  哪些事情最容易刺激我的情绪?

  当情绪受到刺激后,我会怎样处理?

- 我如何处理生活中的负面事件?

  当生气或抑郁时,我会试图从外部找寻原因还是回到内心寻求答案?

  我是否允许自己冷静观察、从容面对情绪,而不是立刻作出反应?

  我能否放下负面的情绪?

  当把情绪转嫁于他人时,我能否认清自己的状态?

- 我能否生活在觉醒的状态里?

  我能否在信任与洞察的基础上生活,还是会被恐惧、焦虑、怨恨笼罩?

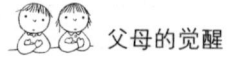父母的觉醒

我能否触及自己的本质?

- 我更倾向于"做事",还是更关注"本质"?

    我如何对待自己的生活?我所有的行为都出于本心吗?

    我会在压力之下忙碌不停,还是每天至少一次安静独处,触摸内心的宁静?

    我会用实际行动提升同自己内心的联系,还是太过忙碌以致于失去了这种联系?

    我是否总想评判别人且一定要在精神上"有所作为",还是能在冷静清醒的状态下充分地体验自己的经历?

- 我为人父母的基础是什么?

    我是否不自觉地将孩子的成功与否同进取、作为、成功紧密相连?

    在孩子"有所作为"之前,我是否允许他们的精神自然发展?

    我是否赋予孩子太多压力,仅仅为了让他们满足我的期待,而不是让他们成为真实的自己?

    我是带着缺失感还是满足感看待自己的孩子?

    我是时刻期盼孩子未来会变成什么样,还是同他们一起享受当下,赞叹他们的存在?

- 我怎样教孩子建立与自己内心的联系?

    我如何参与孩子的生活?

    我如何倾听孩子——敷衍了事还是积极参与?

    我能否看清孩子的本质?

    我如何帮助孩子培养同他们内心的联系?

    我如何塑造同自己内心的纽带关系?

    我如何看待生活?它是温情的还是狰狞的?答案是否同我的处境相关?

本书精华

- 我们每个人都希望自己能成为最优秀的父母，而且大多数人的确对自己的孩子充满爱心。当我们把自己的意志强加给孩子时，肯定不是由于缺少爱心，而是由于缺少觉醒。事实上，大多数父母都没有意识到，我们同孩子的情感关系是一个循环式的动态关系。

- 问题不在于孩子，而在于我们自己的不觉醒。

- 我们的不觉醒应该由自己清理，而不该由孩子来继承。

- 爱意与真实并不复杂。当我们获得觉醒，教养孩子就不再是复杂艰难的事了。因为一个觉醒的人一定会自然而然地怀抱爱意与真诚。

- 教育要以身作则。孩子会把一切看在眼里并处处模仿。他们总能发现对方隐藏的动机与不良的意图。

- 孩子在行动时一般都极其自我，不会顾及我们，所以不要认为他们的行为是针对我们的。孩子的乖戾行为往往源自他们内心的呐喊："请帮帮我吧！"

- 孩子表现不好的根源在于他们内心无法疏解的情绪。

- 要纠正孩子的不当行为，就得当时当地采取行动。

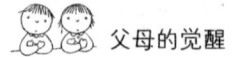

- 如果孩子正值青春期,那就无需事事征得我们的认同。

- 如果我们随时表扬孩子,为他们的本真感到骄傲,就等于教他们以真实自我为荣。如果我们改变他们的真实状态,要求他们的行为符合我们的意志,就等于在说,他们的真实自我是不完善的。孩子会由此戴上面具,远离自己的本真。

- 调整我们情绪中的能量,使之与孩子步调和谐。这个方法比让他们反过来适应我们的要求有效得多。

- 情绪逆反意味着孩子处于抗拒的状态之中。

- 行为塑造会将所有冲突都视为学习机会。因此,行为是一个时刻延续的连贯的过程,而不是一个个彼此割裂的时段。相比惩罚而言,积极地巩固正确的行为才是更加有效的手段。

- 我们的任务是同孩子的本质友好相处。

- 当我们宣扬自己独一无二的个性时,往往会担心遭遇孤立、承受孤单。

- 孩子的灵魂当中充满了无限智慧。

- 觉醒的父母一定会毫无保留地相信孩子的直觉。

青豆读享 阅读服务

帮你读好这本书

《父母的觉醒》阅读服务：

- **全本畅听** 36集朗读音频，方便你随时随地收听。
- **好书速读** 27分钟解读全书精华，快速了解父母觉醒的关键。
- **配套精读** 7讲音频精读课，为你提炼并讲透本书核心观点。
- **思维导图** 一图解构各章核心内容，帮你在阅读时把握重点。
- **重点提炼** 解读书中提到的五种"自负感"，帮你读透本书，减少觉醒障碍。
- **知识锦囊** 归纳总结书中不同年龄段孩子的觉醒养育技巧，方便你实践起来。
- **金句卡片** 描述亲子关系的这些句子，或许会让你拍案叫绝。

......

（以上内容持续更新，具体呈现以实际上线为准，部分为付费内容。）

每一本书，都是一个小宇宙。

扫码进入
正版图书配套阅读服务

…目（CIP）数据

…/（美）萨巴瑞著；王臻译 .--上海：
…科学院出版社，2013
… : The conscious parent
…8-7-5520-0379-6

… Ⅱ.①萨…②王… Ⅲ.①家庭教育—通
… Ⅳ.① G78-49

…版本图书馆 CIP 数据核字（2013）第 184133 号

…ginal English language edition published by Namaste Publishing.
…opyright © 2010 by Shefali Tsabary

…mplified Chinese-Characters edition copyright © 2013 by Beijing Green Beans Book
…o.,Ltd.

…opyright licensed by Waterside Productions,Inc.,arranged with Andrew Nurnberg
Associates International Limited.

All rights reserved

上海市版权局著作权合同登记号：图字 09-2013-551

父母的觉醒

著　者：［美］沙法丽·萨巴瑞
译　者：王　臻
策划编辑：唐云松
责任编辑：李　慧
封面设计：主语设计
出版发行：上海社会科学院出版社
　　　　　上海市顺昌路 622 号　邮编 200025
　　　　　电话总机 021-63315900　销售热线 021-53063735
　　　　　https://cbs.sass.org.cn　E-mail: sassp@sassp.cn
印　　刷：天津旭丰源印刷有限公司
开　　本：710×1000 毫米　1/16 开
印　　张：17.5
字　　数：220 千字
版　　次：2013 年 9 月第 1 版　2025 年 12 月第 18 次印刷

ISBN 978-7-5520-0379-6/G·276　　　　　　定价：48.80 元

版权所有　翻印必究